经济学名著译丛

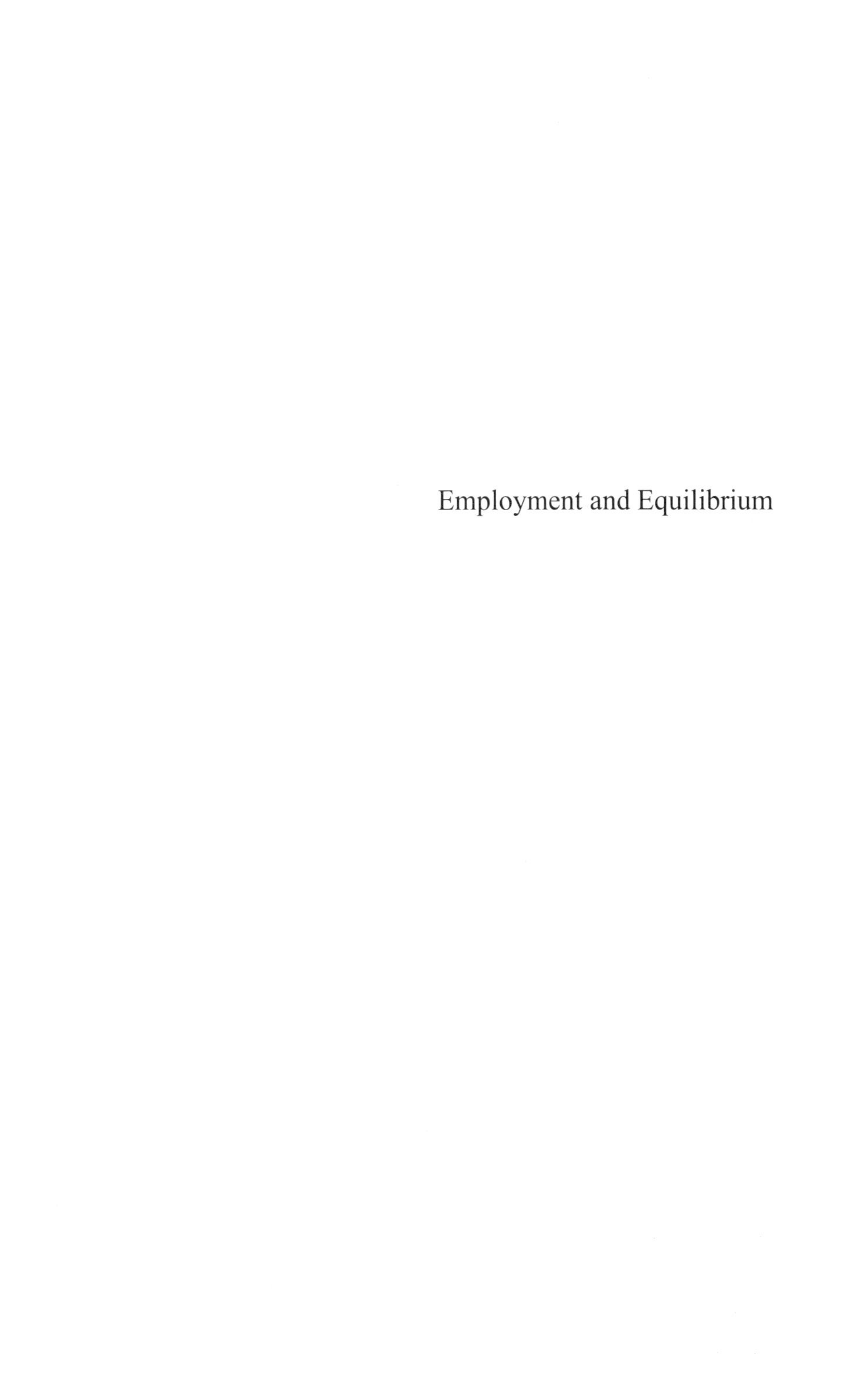

Employment and Equilibrium

就业与均衡

〔英〕阿瑟·塞西尔·庇古 著

王远林 译

Employment and Equilibrium

2017年·北京

Arthur Cecil Pigou

EMPLOYMENT AND EQUILIBRIUM

本书根据麦克米伦出版社有限公司 1999 年版译出

序　言

本书的“目的”，是研究与整个经济系统的运行状况有关，并且相互之间有影响的一些问题，而不是研究与经济系统的某个具体子系统的运行状况有关的问题。已故的凯恩斯(Keynes)勋爵在《就业、利息和货币通论》中提出了本书所讨论的大多数问题；此后，这些问题就成为经济研究的前沿问题。无论我们怎样评价凯恩斯对他人观点的批评意见，也无论他本人对这些问题的解释的价值如何，仅仅提出了这些问题，他就对经济学做出了巨大贡献。一旦提出了这些问题，其回答通常就会变成一项非常简单的工作。因此，凯恩斯是经济学领域真正的先行者。①

在第一编中，我给出了几个概念的定义，并介绍了一些其他预备知识。在第二编中，我在“古典观点”这一章中，研究了使经济系统处于我将称之为短期流动均衡状态的必要条件，同时还阐述了在各种情况下均衡状态和将要讨论的“充分就业”之间的关系。第三编讨论了两个经济系统之间的关系，还探讨了几个对总就业具有重要的决定性影响的状态之间的差别，同时，还研究了各种“乘

① 我没有在此处和本书中，修正第一版中关于凯恩斯的任何评价。他的去世给我们带来了巨大损失。我发表在1947年《英国社会科学进展》上的文章，也不能表达我的无限怀念之情。

数”。第四编是关于经济系统处于非均衡时的情况。经济系统在运行过程中，可能从一个均衡状态转换到另一个均衡状态。在写作过程中，作者秉持把注意力集中于本质内容的原则，忽略了实际生活的各种具体特征。从这个意义上说，整本书是抽象的。

本书的读者对象是职业经济学家，然而，我尽量把章节安排得便于阅读，对于那些不怕麻烦的非专业读者来说，至少主要章节易于理解。他们可能对第一编、第二编和第四编感兴趣，而对比较严格论证的第三编没兴趣。由于本书所讨论的问题本质上是均衡和优化问题，所以不可能对这些问题进行完全非数学的处理。此外，考虑到通常都是研究四个变量的情况，所以数学讨论过程不能用图形表示。因此，我不得偶尔在书中使用一些数学公式。要了解这些数学公式的含义，读者需要熟悉微积分中所使用的这些符号的意义，但仅此而已。本书并不要求读者进行数学推导，但有时，仅凭常识，确实不容易发现问题的答案，这时，我要求读者接受数学推导所得到的结论就可以了。

在本书第一版的写作过程中，我非常感谢丹尼斯·罗伯逊(Dennis Robertson)教授，他在写作的最初阶段，阅读了本书的大部分初稿，并提出了一些有价值的意见。同样也感谢斯拉法(Sraffa)先生，他对最后阶段的书稿提出了批评性意见；但是，和我预期的一样，他对书稿评价很高，鼓励我继续写作。格劳特(Glauert)女士制作了附录中的表格，并非常仔细地进行了检查，我也非常感谢她。

本版最重要的修订就是去掉了前一版第二编第三章，以本版第二编第三章、第四章取而代之。在增加了这些新章节后，我就消除了上一版中一个严重的错误。另外，在一些小地方进行了修订，但是，我希望也有所提高。有些段落，比如第一编第一章，选取自我已出版的著作《失业理论》。我感到本书在许多方面仍有不足：1940 年的时候，我以战争作为借口；现在，这场战争已经结束，我只能以年迈昏聩作为理由。

我相信这些解释并不意味着这里所研究的主题是数学的装饰品，"文字"经济学家不需要为此自找麻烦。这里所讨论的问题是经济学的基本问题；每个经济学家，不管采用本文的研究方法还是其他的研究方法，都必须对这些问题做出回答。

庇古

剑桥国王学院

1947 年 8 月

目　　录

前言 …… 1

第一编

关于定义的一些问题

第一章　就业和失业 …… 9
第二章　实际收入和货币收入 …… 17
第三章　货币收入和货币存量 …… 20
第四章　投资和储蓄 …… 27

第二编

流动均衡

第一章　流动均衡的含义 …… 39
第二章　几个重要的变量和函数 …… 48
第三章　短期流动均衡状态下的经济系统 …… 66
第四章　稳定条件 …… 75
第五章　除了考虑稳定性条件外某些符号的确定 …… 83
第六章　古典观点 …… 87
第七章　马歇尔关于利率的观点 …… 100

第八章 可利用实际收入的规模和储蓄的比例…………… 104
第九章 长期流动均衡的特殊情形………………………… 124

第三编
各种短期流动均衡情况之间的差别

第一章 导论…………………………………………… 139
第二章 正式推导………………………………………… 144
第三章 多种模型………………………………………… 150
第四章 模型Ⅰ(A) ……………………………………… 156
第五章 模型Ⅰ(B) ……………………………………… 169
第六章 模型Ⅱ ………………………………………… 171
第七章 模型Ⅲ ………………………………………… 178
第八章 就业乘数………………………………………… 182
第九章 货币乘数………………………………………… 192
第十章 保持利率不变的银行政策的情形………………… 196
第十一章 失业救济金…………………………………… 200
第十二章 生产周期……………………………………… 206
第十三章 垄断政策……………………………………… 209

第四编
短期流动均衡的扰动

第一章 导论…………………………………………… 215
第二章 引起变化的主要因素…………………………… 217
第三章 不同均衡状态之间的转移……………………… 225

第四章　不同非均衡状态之间的转移……………………… 232
第五章　乘数的计算………………………………………… 234
第六章　累积运动…………………………………………… 237

附录

附录一……………………………………………………… 249
附录二……………………………………………………… 282

前　言

第一节

在讨论某个特定时期为什么存在失业问题时，人们通常都默许可以用下列某个原因解释：高直接税、不存在保护性关税（或存在保护性关税）、社会党政府执政（或民主党政府执政）、重返金本位制或者当前公众的一些迫切要求。稍微考虑一下，人们就不会囿于这些粗浅的原因，一定会认识到不是单个因素而是多种因素在起作用。对于普通人来说，他会认为任何时间都存在的失业是由许多不同因素导致的，其中每个因素都会引起部分失业。这里的意思是如果去掉这个因素，相应的失业就会消失；而只要这个因素存在，不管使用什么别的方法，相应的失业都不会消失。尽管这个观点与"单个原因"理论相比有巨大的进步，然而它也会造成严重的误导。任何时间都存在的失业并不是各种原因独立作用的共同结果，而是由各种因素以某种特定的方式相互之间此消彼长而引发的。认为诸多因素中的某种情况恰好是导致失业的原因，或者即使是原因之一，是武断的；因为那个因素可能始终保持不变，而一旦某个或某几个其他因素发生了变化，那个因素所对应的那部分失业也会消失。一艘货船吃水很深是货物和船的载重能力共同作用的结果。如果船的载重能力一定,那么其原因是装载货物超重;但是,如果货物的重量一定,其原因就是船的载重能力不足。事实上,单独来说,这两种情况都不是原因,其原因是它们之间不协调。这里有两种补救措施:一种是减少足量的货物或者充分地增加船舶的载重能力;另一种是使货物减少的量和船舶增加的载重能力两者之间相互匹配适应。只要采取任何一种措施,就可以消除这种不协调,从而解决吃水过深的问题。在消除失业时,各种相关因素的影响也是如此,通常来说,各种因素不是独立的。我们不能说A导致一部分失业,B导致另一部分失业。因为A导致的失业将根据B的情况不同而变化。同时去掉A和B,其结果将不等于去掉A保留B和去掉B保留A的两种结果之和。甚至可能会发生这样的事情,在某种情况下:如果两种因素都减少,我们会减少失业;如果只有一种减少,而另一种不减少,我们可能会使失业增加。因此,假设某个行业招聘的工人都是临时工性质,工资率被人为设定得非常高,并且提出一些对工人身体技能方面的要求,使得行业之外的工人不能进入该行业。如果现在取消这些壁垒,但是保留人为设定的工资,那么这对就业不会产生影响,但是,可能会吸引一些在其他地方就业的工人进入该行业,使他们处于失业状态。因此,我们所面临的问题不是造成失业的相互独立的单个原因之和——其中每个原因能够解释一部分失业;而是由各个相互关联的因素组成的一个系统——这些因素的共同作用导致了整个失业。

第二节

本书的目的是阐述这个系统的主要特征。基于此，本书有意忽略了现实中许多重要的方面，遵循清晰的方式进行研究。如果要对现实世界中发生的事情进行充分详细的研究，就需要考虑许多其他方面的因素，但这并不意味着我们将要讨论的内容仅仅有学术方面的意义。在风洞中对飞机模型的行为特征进行研究，在一定意义上，与实际状况不符，但是，尽管如此，这使得我们更容易理解实际中飞机的行为特征。这里，同样如此：尽管实际世界不是我们分析的直接对象，但我们希望这里的分析使我们能够清晰地发现现实世界的某些本质特征。

第三节

在整本书中，下列几个一般假设均成立。第一，认为我们所处的世界或国家是一个完全隔离、自给自足的封闭经济系统。第二，劳动力完全同质或者完全相同，其种类和数量可以用一个适当的同质单位数表示；因此，使用这种方法后，我们可以清楚地讨论劳动力的数量。第三，固定资本存量同质，由大量结构完全相同的资本组成。第四，固定资本存在损耗和可能过时的事实，这意味着主要成本包括资本的折旧，这里忽略了该部分。第五，劳动力具有完全可流动性，这意味着货币工资率处处相等。第六，货币工资只用于购买消费品。

第四节

此外,我们的任务是把产业活动作为一个整体进行研究,为了避免难以忍受的细枝末节,我们没有考虑各个行业的详细情况。一种处理方法就是所使用的模型只包含一种商品,这种商品一旦生产出来,就可以直接被选择是作为消费品还是作为投资品,正如谷粒可以食用,也可以作为种子。对这种方案的主要反对意见就是使用这种方法不可能考虑垄断和不完全竞争的特殊影响。考虑到仅生产某一类商品,垄断存在与否无关紧要。因为垄断者将发现他能获得最大利益的方法就是根据竞争规则组织生产。例如,对于一个垄断地主来说,除了他生产的商品外,不存在其他商品;因此,他把生产量降低到竞争水平之下没有意义,因为如果这样做的话,他就不可能获得更高的交易价格。另一种处理方法就是使用有两种商品的模型,一种为消费品,另一种为资本品或投资品。确实,在这一类模型中,垄断者在生产这两类商品时可选择范围很广。但是,正如现实生活中的情况那样,仍然排除了不完全竞争。因此,人们对这种处理方法也不满意,需要做进一步的研究。

第五节

哈罗德(Harrod)教授在他的《商业周期》一书中,使用了包括多类消费品的模型,但这些消费品之间存在特殊的联系。第一,每类商品具有完全相同的生产期限,这个期限不能调整。第二,对于每类商品，需求和供给条件在结构上完全相同，以致不管需求或投资的供给函数、货币工资率或其他事情发生任何变化，相对价值都不变。第三，在每个产业中，所有生产企业都相同或者处于相同的境况。[①] 当然，对于普遍存在的完全竞争来说，这些假设成立。但是，现在，对于所有消费品来说，不完全竞争（存在一定程度的垄断势力）也是可行的。哈罗德教授假设对于所有消费品来说，存在相同程度（不管是零程度还是其他程度）的垄断势力。我将使用这种方法，还增加了许多不同种类的投资品，对于这些投资品来说，也存在垄断势力。此外，尽管所有投资品的垄断势力的程度必须相同，但是我允许消费品的垄断势力的程度不必相同。

第六节

在根据这个方案所构建并受制于第三节所假设的约束条件的世界中，我将研究凯恩斯所谓的“整体就业”这个一般问题。正如本章第二节所预告的那样，我们所分析的目标与现实有很大差异，但是，我请求读者不要放弃该段结束时提出的希望。使用简化模型进行研究是否能够解决或能在多大程度上解决现实问题，这只能通过试验来决定。在进行试验之后，而不是之前，才是对研究结果进行评价的适当时机。

---

① 这个条件是必要的；否则，某种商品按照其他商品度量的价值不一定唯一，来自不同企业的商品的单位价值可能也会不同。

第 一 编

关于定义的一些问题

第一章　就业和失业

第一节

任何职业、任意指定时期的就业量可以毫无歧义地定义为在那段时间从事工作的工时数。人们认识到工人工作时的状态偶尔会发生变化，工作时的精力也会波动。但是，它对统计测度的影响，与某个社区组成人员的素质和年龄的变化使得我们不能准确地描述该社区的总人数这个事实相比，情况不会更糟糕。

第二节

然而，“失业”这个概念却没有“就业”这般清晰。如果失业只是人们在非雇用期间的工时数，那么它可能是一个清晰的概念。但是没有人真的会提议把某人未被雇用的整个时间（比如，晚上他睡觉的时间）都算作失业。一个人处于失业仅仅是指当他愿意被雇用却没有被雇用时。此外，愿意被雇用这个概念的解释必须考虑到下列三个事实：(1)每天的工作时间；(2)工资率；(3)该人的健康状况。

因此，首先，如果具体到某个工厂，其正常工作时间为8小时，一个非常强壮的人喜欢工作9小时，那么，没有人认为，他会因此而每天“失业”1小时。事实上，为了测度失业，必须把每天工作的正常时间看作是不变的。即使对于建筑业来说，一年中不同季节的正常工作时间不同，也必须这样做。实际上，如果沿着这个思路进行合乎逻辑的分析，就会提出一些尴尬的问题。例如，某棉纺厂一周歇业三天，与把每天的工作时间从8小时减少到4小时，显然性质一样。如果把前一种方式导致的闲置称为失业，那么不把后一种方式导致的闲置也称为失业就有点霸道。如果我们认为后一种情况也是失业，那么我们就没有把愿意被雇用这一概念的解释同既有的事实——工时——联系起来。

其次，必须把愿意被雇用理解为愿意在现在的工资率水平上被雇用，成为工厂的雇员，不会产生行业的工资纠纷。因为某人愿意在当前工资为每天1,000英镑时工作，但是现在工资为每天12英镑，他不愿意工作，所以，该人不能算作失业。当然，这里关于当前工资率的含义有点模糊。某人所在城市的工资为每天12英镑，而在另一个城市工资为每天15英镑，如果该人待在他所在的城市，并且因为这里的工资不是15英镑而拒绝工作，那么该人不算失业。如果一个人的身体弱，就其能力而言，目前工资率为10英镑，而一个身体强壮的人目前工资率为12英镑，由于这个原因，他拒绝工作，那么他也不能算作失业。

第三，愿意被雇用意味着在身体健康状况合格条件下的愿意。某人愿意工作，但是疾病使其不能工作，他就没有失业。在术语的准确性上，英国对非就业和失业进行了细致的区分。

第三节

因此，我们认为任何时间的失业人数等于上述意义上愿意就业的人数（打算成为工薪族的人数）减去被雇用的人数。事实上，在我们所定义的失业的意义上，某些人不愿意就业，然而，他们却统计在愿意就业的范围之内；考虑到这种情况，要得到这两个数字之差的准确值，是一件非常困难的事情。众所周知，临时工不愿意——自己也确实不想——每周工作超过三到四天。此外，据称，有些人偶尔也可能甚至是在相当长的时间内，宁愿领取失业救济金也不愿意克服各种困难找工作，特别是如果这需要更换住处甚至更换职业时更是如此。实际上，这种人在任何有效的意义上都不愿意就业，在目前的统计中，他们总是被归入失业中。如果有一套组织良好的职业介绍系统、领取失业救济金的条件规定合理并且失业救济金的额度相对于正常工资来说不太高，那么他们有时就会摆脱失业，从而减少空缺职位。然而，在衰退时期，不可能有空缺职位留给他们。在这些条件下，他们不愿意就业的事实并不会使他们除了自己确实愿意做的事情外，有另外的选择。并且，由于不可能完全了解人们的想法，因此，没有办法发现并识别这些人。当根据失业保险计划中申请失业救济金的合格人数计算失业人数时，由于这里的合格者包括过去某个日子有就业意愿的人，而现在他们不一定有就业意愿，因此，我们现在考虑的这类误差就更大。在 1931 年对保险法进行修改以前，存在大量登记为失业而实际上是不愿意就业的人员，以致我们在 1930 年 11 月的《劳动公报》上看到“如果1929—1930年继续保持1925—1928年这三年中保险计划的平均退出率，而新进入的人数保持不变，那么将从保险计划中退出大约185,000个男性和130,000个女性，现在这些人仍然包括在1930年7月的数据中”[①]。1929—1930年，英国北部地区保险计划人数迸发式增长，这表明情况似乎更严重。据《劳动公报》报道，“这种趋势的变化主要是由于在失业严重的地区那些滞留在失业保险计划中的人的影响。按照1930年修改后的失业保险法，如果这些人申请救济金的条件发生了变化，他们就应该从保险计划中退出，而他们并没有退出”[②]。按照已经通过的英国保险计划的规定，已婚且实际上从企业离职的女性，在相当长的时期内，依法享有申请救济金的资格，并且相当多的人也是这样做的。显然，这些人不是打算靠工资生活的人；按照我的定义，她们没有失业。然而，就对失业问题的普遍看法来说，受这些因素影响的“失业”比例很小，使得这里的失业和英国官方统计的失业差别不大。

第四节

有了这个定义后，我们就会很清楚，有一个重要的原因能在不同程度上影响就业和失业，那就是在其他因素都不变的情况下，雇主调整名义工资率。当且仅当使得愿意被雇用的工人人数不变

① 见该书第397页。

② 见该书第399页。

时，调整名义工资率对就业和失业的影响程度相同。然而，也可能发生这样的情形，即如果工资率上升，那么有一些工资率较低的人（这可能是退休者、依靠养老金或储蓄生活的人以及靠朋友生活的人），并且还可能有一些从事无工资报酬工作的人，将变成寻找工作的人。与此相反，也可能发生另一种情况，就是工资率上升，而工人对工作的需求缺乏弹性，这将使得某些人一周没有几天去找工作。但是，除了解雇以外，现实中，大多数职业的组织结构使得人们不会这样做，因此，实际上这种情况并不重要。工资率上升的趋势非常明显，这使得不需要妻子工作，仅靠丈夫就能养家糊口，进而导致一定数量的女性退出劳动力市场。工资率上升的趋势与男性退休后返聘的趋势等情况作用效果相反。在任何情况下，哪一种趋势都不可能显示出较大的规模。因此，不可能使用这些因素解释工资率上升引起的失业（或失业比例）。工资率上升引起的失业（或失业比例）与其毁坏的就业（或就业比例）相比完全不同。

第五节

此外，我们应该注意到，在一定条件下，就业人数减少的数量，等于原来属于赚取周薪者这一阶层的人转移出去的人数，因此，在我看来，失业数不变。如果被雇用的女性因结婚而离职，并且由于没有可接受的人选，她们离职产生的职位空缺没有填补，那么这种情况下，失业数不变。然而，在大萧条时期，绝不会出现这样产生的职位空缺在较长时期内没有被填补的情况。英国在1914—1918年的战后衰退时期，国内服务业可能是仅有的存在大量空缺职位的行业，其中没有填补的职位空缺比例显著。在这种情况下，某个人从就业中退出，仅仅意味着到另一个地方就业，就业量不受影响。自愿失业 A 替代而不是增加了非自愿失业 B。因此，在衰退时期，这类反应实际上不重要。在繁荣时期，想来也可能这样。但是，即使如此，其规模可能也不大。

第六节

总之，我们可以认为那些原本的赚取周薪者的人数和受雇人数基本上相互独立，因此，如果前者人数减少或后者人数增加某个给定的数量，按照我的定义，失业人数将减少大致相同的数量。在本书中，我会把某职业中赚取周薪者的人数看作是固定不变的，因此，失业量和就业量就是简单的互补关系。当然，如果赚取周薪者的总人数扩大，而就业保持不变，显然失业的绝对量和比例肯定都会增长。如果就业随总人数增长，那么失业的绝对量也会增长，但是失业比例将保持不变。

第七节

到目前为止，我们所遵循的方式方法可能会使粗心的读者认为，任何时期普遍存在的失业总人数是最重要的事情。然而，并不是如此。失业所引致的社会灾难的程度，很大程度上取决于给单个失业个体所带来灾难的大小。如果把年均 6%的失业率平均分配，这意味着每个人每三周约有一天的非自愿失业，或者每个季度有四五天的非自愿失业。如果人们能够预见到失业天数并且提前准备,即使其他人不支付给失业者失业救济金,个体净成本也可能为零。即使把10%的失业率平均分配,也仅仅意味着对每个人来说,每年有五周多没有工资的时段——毫无疑问,这是个严重问题,但是即使对某些穷人来说,也不是毁灭性灾难。然而,在现实生活中,失业并不是平均分配到每个人。大部分赚取周薪者都不会受到影响或者只受到轻微的影响;失业只对相对少的人群具有相当大的破坏力。因此,在劳工部的指导下,1929年3月18日和9月26日对于当时处于失业状态的男性的失业期长短进行了1%的抽样调查——在这两个月中总体失业率都是10%。两次调查结果非常接近,对它们求平均,我们得到下表:[①]

失业时间	男性		女性
	所有行业(%)	所有行业(除煤炭开采业外)(%)	所有行业(%)
少于3个月	30.8	33.5	51.1
3—6个月	29.5	31.3	30.9
6—9个月	20.2	20.95	11.65
9—12个月	14.5	11.95	5.55
12个月及以上	5.0	2.3	0.8

因此,即使除了煤炭开采业外,2/3的男性失业者已经失业3个月以上,超过1/3的失业者已经失业6个月以上。在女性失业者中,接近一半已经失业3个月以上,1/5的失业者已经失业6个月以

① *Labour Gazette*, June 1930. p. 7.

上。在1931年2月2日进行的抽样调查中，情况没有实质性的改变。[①] 没有人会在上述情况下，把失业时的空闲作为资产，把就业时的忙碌作为损失，来比较二者的优劣。这涉及社会损失恶化，而不是减轻。此外，目前为止我们只谈到直接的和当前的损失。但损失不止于此。如果某人处于长期失业，几乎肯定会对其所在行业和本人生活质量造成负面影响。这不仅仅指由于缺乏工作造成技术能力下降。失业者可能会放弃正常工作所养成的习惯，其自尊心和自信心也可能会受到伤害，以致一旦失业，即使机会再来临，失业者已经变得不具备就业能力了。同时，其家庭生活也会遇到麻烦，孩子生长的环境也可能变差。尽管总失业量巨大，但是对许多人来说，短暂的失业期并不会产生这类坏结果。这类结果大致上是大量的失业集中于少部分非常不幸的人时产生的恶果。这个话题并不在我们现在研究的范围之内。但是，不考虑这个问题，并不意味着作者或者其他人的确认为这个问题不重要。

---

① Report of the Royal Commission on Unemployment Insurance[Cmd,4185],p. 76.

第二章　实际收入和货币收入

第一节

由于在我们的研究中，储蓄和投资这两个概念将扮演重要的角色，而这两个概念取决于上一级概念“收入”的度量方法，因此从本章开始，我们就要对什么是实际收入和货币收入有一个清晰的认识。

第二节

就本书的目的来说，一个重要假设就是资本品既不会变坏，也不会受到时间的流逝或火灾地震等灾难的破坏，同时，也确实不会过时。这个假设使我们克服了现实生活中对实际收入进行定义时所遇到的主要困难。对我们来说，本质上讲，任何年份的实际收入就是各种生产要素提供服务得到的收入之和（不管是生产了消费品还是增加了资本存量），它们用货币支付的数量来表示。免费的服务不计算在实际收入之中。除了各种生产要素提供服务得到货币支付外，其他情形下的货币支付，比如小孩从父亲那里得到的零花钱，用税收支付的战争贷款利息和各种退休金，都不计算为货币收入。因此，货币收入是实际收入的相应对称物，所有服务得到的报酬构成实际收入，即在当前条件下，所有用货币支付的报酬。这个粗略的描述需要附加详细的限定条件，但是就现在的目的来说，这样定义就足够了。

第三节

确实还有一件难事。在做某项工作时，需要雇用体力劳动者。对大多数人来说，按周结算工资；对于固定薪资的劳动者来说，按月或按季度支付工资。但是，对企业家(或股东)来说，他们首先要组织生产产品，未来出售后，他们才会得到提供服务的收入。因此，任何时期，生产要素实际得到的货币收入都是更早时期实际收入的一部分价值。所以，任意时期的货币收入，尽管可以把它界定为某个相应实际收入的货币价值，但是不能把它定义为同一时期实际收入的货币价值。使得货币收入等于实际存在的实际收入价值的唯一方法就是把任何时间企业家的货币收入定义为他们积累的收入而不是他们实际得到的收入。这必然牵涉到各期之间的波动。任何时期实际货币收入的数量都与随后发生的事情有关，这个缺陷使得我们不考虑这个定义。

第四节

然而，在稳定条件下，即只要我所谓的“流动均衡”成立，这个困难就不是真正的困难，仅仅可能是一个问题。由于后续时期类似，任何人得到的实际收入的货币价值必然等于该时期积累的实际收入的货币价值。因此，就流动均衡的条件来说，实际收入出现的日期和货币收入相关部分出现的日期之间存在差异并不重要。

第三章　货币收入和货币存量

第一节

为了完全清晰地描述我们的观点，需要对上一章所讨论的内容进行补充。当我们考虑经济运行过程时，不管我们是否继续进行因果关系的研究，我猜想多数人头脑中会出现有些类似下面情形的图景：每年的实际收入构成一系列的产出；形成的这些产出，或者用于人们的消费，或者因人们的使用而损耗，而后不久就消失了，或者，更严格地说，丧失了作为经济品的品质。另一方面，每年的货币收入不是一系列不同的物体；除了时不时地增加一部分和提取一部分外，它们表现为一系列相同的物体，即货币存量，它们反复地构成每年的货币收入。可以说，我现在建立了两个舞台。一个舞台上不同的人们构成的无尽队列不停地经过；而另一个舞台上的人们，人数时不时地变化，但是大部分成员都来自一个单独的小组，队伍穿过舞台，离开，然后又登台。一个舞台上许多人被相继接替；而另一个舞台上，同样的一群人在“循环”。每一英镑总有一天会变成收入，如同我指出的那样，有时取出，有时新的英镑进入，以后再作为收入，如此进行以至无穷。

第二节

如果货币仅由金属硬币和纸币构成，它们仅存在外观方面的差别，例如，每个标注不同的数字，那么这个图景完全准确地反映了这个事实。货币流通应当如同汽车的流通一样是一件“真实”的事情，每个汽车部件都有完整准确的历史，原则上完全能够被弄清楚。我们能够从一般常识中学习到这些历史的某些事实。因此，一枚硬币，一旦作为收入出现后，直到过了一段时间后，才会再出现。这枚硬币不可能马上重新出现，因为作为收入收到的这枚硬币，如果不经过一段时间就离开收入，那么这意味着从来没收到过这枚硬币。理论上，人们认为现在的每枚硬币相继作为收入出现的间隔应该相同。但是，事实上这种情况不可能出现。每枚硬币作为收入收到和支出的时间间隔肯定不同，同样，它们用作支出和作为收入出现的时间间隔也不同。首先，一些硬币在同一天进入积累，经过不同时期后，开始使用。现在，考虑下面这种情况：有许多人，每个人赚取的收入都没有立即使用，他们的年收入为 365 英镑，通过有规律地使用这些收入，安排支出，在最后一笔钱恰好用完时，下一笔钱才到。如果其中某个人的工资收入按周发放，那么，平均起来，作为收入，他攒的那些钱 3.5 天后才开始使用。相比之下，如果另一个人按季度发放工资，那么，平均起来，在收到收入后，他必须在 1.5 个月后开始使用。其次，当每个人都使用货币时，货币开始了一个旅程，最后它将再次变成收入，除非在结束旅程前，退出循环。部分货币直接用来购买服务，从而同时也就到达了旅程的终点;其他的货币在旅程中做了其他工作,比如说,购买了一处房产、一些证券、商店中出售的物品或者工厂未来后续阶段使用的原材料。因此,使用过的所有货币,作为收入再次出现的时间间隔,有的很短,有的稍长一些,有的更长。

第三节

正如我指出的那样,虽然凭常识我们就能够得到这种定性的分析结果,但是通过分析不同货币外观方面的差别,使用统计方法能得到更深入的结果。每枚英镑,不管什么时候作为收入出现,都会进行清点,其号码也会被记录;如果这种记录进行很多年,那么我们相信肯定能识别出那些旅程非常短的英镑。在结束调查后,很容易查清现有的货币中有多少英镑没有作为收入出现过(这类似永久地把汽车藏起来,逃避车船税),有多少出现过一次,有多少出现过二次,等等。不存在出现无限次的英镑。如果愿意,我们可以把从未出现过的英镑称为囤积的闲置货币,把其他的英镑称为活跃货币,或者处于收入—支出流通过程的货币。我们能够从记录表中得知有多少货币为活跃货币,而一旦我们知道货币的总数,我们当然就能推断出有多少闲置货币。我们还能够从记录表中得到每年各枚货币流通的频率,例如,假设某枚英镑在一个为期五年的观察期内出现一次,那么每年出现一次的频率为 1/5。如果我们愿意,我们可以进一步从记录表中得到每枚货币的完整流通过程,得到作为收入出现的时间间隔。

第四节

前面的整个讨论都是在货币由外观不同的英镑组成这个假设基础上进行的。实际上，现代国家的货币主要由银行账户中的贷方余额和透支项目构成。因此，货币不是由任何字面意义上的可流通的物理单位组成的。当 A 给 B 开一张 1,000 英镑的支票支付服务费用，而随后 B 开一张同样的支票给 C 时，确实，在两次交易中，交易的货币量相同；但是，谈论交易了相同的货币是没有意义的。显然，这种情况下，不可能进行第三节描述的统计分类。这是毫无疑问的。然而，以银行货币为主导所产生的影响是否不止于此呢？这使得货币流通的观点没有意义了吗？显然，这意味着就多数货币来说，流通不再是一个物理事实。这是一个什么意义上的事实呢？

第五节

可能有人提议，虽然某个具体的银行货币单位，现在作为某个人的收入出现，它与作为另一个人收入出现的某个货币单位外观不同，但是，二者出现的原因相同。的确，把它们联系到一起的，不是物质结构，而是根本的原因。如果我们接受这种观点，我们就会把每笔不同的银行存款用银行持有的不同纸币表示，并且在各个账户之间转移。这样，把银行货币看作不同的实物单位，事实上，硬币和纸币也进行了同样的划分。然而，这是一种非常不靠谱的方法。例如,如果C的收入一部分来自A,一部分来自B,那么,在C支付给D的货币中,需要估计从这两个来源中分别有多少?想必我们不得不这样说,在C支付给D的货币中来自货币A和来自货币B的比例相同。但是,这是一种随意的说法,没有经过事实验证。因此,原因相同这种说法对我们来说没有用处。

第六节

再者,这也可能意味着,尽管银行货币自身不会进入流通过程,但是通过指令,可以使其从一个人转手到另一个人,因此,从某人的收入,通过支出,再次转化为另一个人的收入。这个移交过程是通过支票这个工具实现的。通常,一旦对货币总额下达指令,这个指令不是对这枚货币或那枚货币的指令,而是针对货币数量的指令。这与表示某个人行李的行李寄存票不同,而与表示某个数量的肉或糖的定量供应卡类似,不是一些限定具体座位的戏票,而是一些没有限定座位的火车票。在这些情况下,显然不可能对第三节给出的各种情况进行详细研究。尽管如此,也能够控制在一定程度上处于流通的银行货币。此外,对任何国家、任意某个时期来说,如果我们知道该期的平均总货币收入,并且也知道该期的平均货币存量,即银行货币加上银行以外的通货,那么,只要我们愿意,我们就可以轻松算出这个存量在该期间的年平均收入速度——该速度用该年的平均货币收入除以平均货币存量来计算。另外,我们也可以把货币存量定义为收入循环的平均期限占一年的比例,即每年的平均货币存量除以平均货币收入。当然,它是年平均收入流通速度的倒数。粗略计算一下1938年英国的货币收入速度为1.71——用大众持有的发行在外的纸币加上通货以及伦敦清算银行活期存款除以估计得到的国民收入。1946年，通过控制、管制和宣传来抑制支出，相应的数字变为1.36。计算这些数值使用的数据参见1935—1946年《统计摘要》。

第七节

初步看来，这个纯粹的算术关系完全没有意义（对分析只有极少的帮助），我们肯定会问是否能够考虑一些更有用的方法控制货币流通过程。有一种方法值得考虑。一旦银行货币由外观不同的货币构成，那么我们就可能发现在给定的期限内某些货币从来没有在我们所谓的收入—支出循环中出现过，也从来没有作为收入出现过，而其他货币则总待在循环中。我们可能认为这些停留在循环中的货币的收入速度大约为常数，这个常数是由不同阶层的人们收入支付的间隔长短、商业习惯等这样一些事情决定的。流通中的货币量随流通过程以外已发行的货币而增长，或者随新产生的货币进入流通过程而增长。同理，在货币收入减少时，这可以通过减少流通过程中的货币来实现——不管是通过持续减少流通过程中的货币，还是通过偿还银行债务的方法，都可以使货币量达到现在的数量。由于事实上货币并不是由外观不同的通货组成，所以这种方法——正如我刚才描述的那样——在现实中并不可行。然而，是否有可能某个时期总货币存量的一部分与货币收入有关，而其余与货币收入无关？这是隐含在一些学者尝试把货币存量分为活跃存量和非活跃存量思想后面的基本观点。只有活跃存量是重要的，这意味着它们数量的变化将反映到货币收入的变化中；另一方面，非活跃存量（有时称为储蓄）的数量可能随意变化，而货币收入水平保持不变。现在，如果把两类货币存量中的货币数量用相反符号表示，例如，活期账户中的所有余额都是活跃存量，存款通知中的所有余额都是非活跃存量，那么我们应该对我们的看法确信无疑。但是，事实上，得不到相反的符号。当被问到有多少在上述意义上相关的货币存量时，答案无法通过统计检验，事实上，它只是一种猜测。

第八节

然而，即使如此，在货币外观有差别的世界中区分重要货币和非重要货币，最终可能也会被证明是有用的——这种差别就在于处于还是不处于收入—支出流通过程。因为尽管我们只能十分模糊地猜测任意时刻重要（活跃）货币的存量规模，但是，在某些情况下，我们能够确定重要（活跃）货币的存量增长到某个确定的数量附近，不管是以非重要（非活跃）货币存量减少的方式还是通过产生新货币的方式；或者相反。虽然我花费了相当多的时间使用这个概念设法阐明收入波动问题，但到目前为止结果还不令人满意。

第四章　投资和储蓄

第一节

任何时期的实际投资都是实际收入的一部分，它由固定资本、经营资本（处于生产过程中的物品）和流动资本（仓库和商店中的物品）的增加额构成，包括了流动资本非自愿的增加额，例如，由于需求的突然减少，商店累积的那些未销售货品存量。这和凯恩斯的定义相同："净投资等于一切种类的资本设备的净增加额；在计算净收入时，已经考虑到了原有资本设备的价值改变。"[①]实际储蓄由实际收入超过实际消费的那部分组成。由于实际收入显然是实际消费和资本增加额之和，因此，把实际收入看作实际投资和实际储蓄的总和，二者相等。[②]

---

① *General Theory*, p. 76.

② 按惯例，消费是指消费者消费物品。消费者与交易者不同，因此，把劳斯莱斯汽车卖给私人消费者是"消费"，而卖给汽车店就不是"消费"。当然，这种用法取决于惯例，因为我们知道如果把一所卖给私人的房子记作资本增量，从逻辑上是讲不通的。实际上，除了房子这种情形，人们最关心的消费和投资之间的区别在于是否期望所购买的物品给购买者带来货币收入。然而，只要通过具体的论证，分界线被划在了相同的地方，则准确的分界线划在哪儿并不重要。

第二节

当然，虽然上述结论意味着用于投资的劳动量和用于储蓄的劳动量也相等，但是应该注意到，用于消费的劳动量和直接服务于消费的劳动量不同，用于投资的劳动量和从事某项具体资本项目的劳动量也不同——不管是固定资本、经营资本还是流动资本。除了直接给消费者提供服务的劳动外，所有的其他劳动都用于生产此时属于资本的要素。任意时间，直接给消费者提供服务的具体劳动人数仅占用于消费的劳动总量的很小一部分。于是，我们认为任意时期用于消费的所有劳动可分为三部分：(1)直接给消费者提供服务；(2)替换目前提供消费的消费品；(3)保持资本设备的完整性——由于我们忽略了资本磨损、可能过时的事实，这一项与我们无关。用于投资的劳动量等于雇用的劳动总量减去用于消费的劳动量。

第三节

尽管我们同意必须把货币收入规定为相应实际收入的货币价值，但是这个相应的实际收入不可能是来自同一时期与其相对应的货币收入的准确实际收入。通常当某个人谈到投资时，是指他购买了早已发行的一种证券或早已存在的一所房子，因此，人们总把任意时期的总投资定义为相应的类似实际总投资的货币价值。如果用同样的方法把货币储蓄定义为实际储蓄的货币价值，那么任何时期的总货币储蓄和总货币投资必须相等。这个结果可以直接根据实际总储蓄和实际总投资相等这个事实得到。

第四节

当人们或政府从银行贷款时，弄清楚这些定义的含义非常重要。人们都同意银行贷款只有支付给生产要素作为其所提供的服务的报酬时才成为收入。但是以后又会发生什么事情呢？首先，假设雇用一个新工人，直接支付给工人，形成资本存量增加额，于是，总货币投资和总货币收入增加了同样数量。根据我们的定义，我们认为总货币储蓄也增加了同样数量。这又会如何？答案隐含在第二节的论证中。如果把储蓄定义为得到的总收入中超过提供消费服务得到的收入的部分，那么立刻就可以得到储蓄扩大的规模等于支付给新雇用工人的报酬。其次，假设人们把新货币通过购买现在商店中已有消费品的方式支付出去，那么，在这种情况下，不管是对货币收入还是货币投资，什么也没有发生，直到商店店主通过雇用生产要素重置消费品存货而直接或间接地把这些新货币花出去为止。当他们这样做的时候，这种情况和政府直接雇用额外生产要素的本质相同。

第五节

因此，这个结果可以通过另一种方法得到。如同通常人们所理解的那样，货币储蓄是货币收入超过购买消费品支出的部分。

这样定义的货币储蓄是否等于货币投资？如果商店店主保持存货价值不变，即既不进行货币投资也不进行货币减资，那么显然在这种情况下，货币储蓄等于第三节定义的货币储蓄，此时，也等于第三节定义的货币投资。但是，如果商店存货价值增加了，比如说，增加了1,000英镑，那么，不管存货的增加值是以什么方式实现的，显然，货币投资也增加了同样数量。那么，这对人们通常所理解的货币储蓄来说又意味着什么？如果存货价值的增加使得商店店主增加了要素服务支出1,000英镑，它们销售的价值不变，那么要素的收入增加了1,000英镑，这1,000英镑没有购买消费品，这是由于前面假设商店店主没有增加它们的销售价值。因此，总货币储蓄和总货币投资增加了同样的数量。如果因为公众节俭了1,000英镑，而商店店主又拒绝降价，使得存货积压，存货价值增加了1,000英镑，那么存货增加的这1,000英镑就是投资的增加额。因此，按照人们通常所理解的货币储蓄，我们在这里也可以得到货币储蓄等于货币投资。由此可见，在各种各样的情况下，按照实际储蓄价值计算的总货币储蓄和按照货币收入超过购买消费品支出的部分计算的总货币储蓄相等，这和通常所理解的一样，并且，二者都必须和总货币投资相等。①

① 这并不意味着，也几乎不可能这样说，具体某个人的货币储蓄必须等于该人的货币投资。因为某个人的货币储蓄可能被其他人借来购买消费品，或者导致其他人的收入减少同样的数量，而他们购买消费品的支出不变，这样该人的货币储蓄等于这些人的负储蓄。因此，如果A减少购买B的服务100英镑，随即B向A借100英镑，消费和以前一样，则B的负储蓄抵消了A的储蓄，因此，净储蓄为零；同理，净投资也为零。在这期间，总货币收入减少了100英镑。

第六节

不过，普通人确实不喜欢这样的分析，有时我自己在分析这类问题时就是一个普通人。他认为货币储蓄的定义应该能够清楚地表示货币储蓄和货币投资之间存在的差别，即使在货币收入总存量保持不变的情况下。就此而言，他的看法不成立。他知道个人能够存款，即从消费支出中提取部分货币收入，并且没有义务进行投资，不管是从其他人手中购买已发行的证券，还是购买生产要素增加物质资本存量。没有什么能够阻止他把部分收入进行储蓄，比如说，把一年积攒的货币收入全都作为通货存量或者银行账户的增加额，不进行一点货币投资。由此，他很容易认为他个人能够随意做的事情，整个社会肯定也能随意去做。但是，这是合成谬误。事实上，尽管一个人的储蓄等于其投资加上其货币存量的增加额，但在指定的一瞬间，他增加到货币存量中的每一个英镑意味着其他人的货币收入减少了一英镑。因此，由于储蓄等于货币收入减去购买消费品的支出，这也意味着其他人的储蓄也减少了同样规模。由此可得，在任意时刻，不管总货币储蓄的增加额是多少，总货币投资都会扩大同样的数量。也就是说，这两个总量相等。

第七节

对于想让货币储蓄的定义使得总货币储蓄和总货币投资不同

的普通人来说，还有另外一个理由。虽然他认为由于需求的减少而导致的存货增加可以说是非自愿的，但是把交易者存货货币价值的增加看作是货币投资，这有点儿矛盾，甚至有欺诈的味道。尽管可能有人支持这种看法，但是当我们考虑我们的定义时，就化解了这种矛盾。尽管在任意时刻，它们使得实际货币储蓄等于实际货币投资，但这并不意味着货币投资量和那个时刻人们决定的货币储蓄量两者必须相等。因此，如果消费者储蓄 1,000 英镑，经销商保持价格不变，增加了 1,000 英镑的存货，那么经销商的实际投资就是 1,000 英镑，但是他们的意愿投资为零。因此，尽管储蓄等于实际投资，但是超过了他们的意愿投资 1,000 英镑。另一方面，无论如何，仅凭表面看来某个定义存在矛盾的事实，就拒绝这个定义，理由并不充分；有可能总的来看，它比其他定义更合适。

第八节

因此，虽然我认为上述普通人的观点无法通过论证站得住脚，但是它仍然是一个重要的事实。它产生自某种本能直觉。正是这种强烈的要求开启了一条看起来像是通向理解经济过程的道路，不应该一开始就把这条路堵上。我们并没有漠视这种要求，正在想方设法寻找满足这种要求的道路。

第九节

D. H. 罗伯逊教授提出了货币储蓄的定义，如果接受他的定义,那么将能够满足上述普通人的愿望。他设想把时间分成一系列相连的非常短的时段。可以这样说,在时段1得到的货币收入,可以在时段2使用。因此,时段1收入中的一部分在时段2用于消费和投资,再加上其他用于消费和投资的货币,必须等于在时段2用于购买生产要素服务的支出;时段2的货币收入也是如此。但是,使用的总货币和时段2的收入不需要相等,但可以多于或少于时段2可以使用的收入,即时段1的货币收入。罗伯逊教授定义的时段2的货币储蓄为时段1的货币收入超过时段2的消费所使用货币的部分,这意味着时段2的储蓄减去投资等于时段1的货币收入超过时段2的货币收入的部分。很明显,在任何时段,这样定义的货币储蓄不一定等于货币投资。

第十节

显然,罗伯逊教授的概念逻辑上无懈可击。但是,这个概念多大程度上能够应用到现实生活中?这里有两个难题。首先,在应用这个概念时,必须存在若干很短的时段,在任意一个这样的时段内,得到的货币收入没有花费,从而,再成为同一时段的收入。这个条件蕴含在某个时段得到的货币收入"可供另一个时段使用"这个概念中。但是,这存在逻辑上的问题:我收到100英镑或者一张100英镑的支票,为什么不能同时支出另一个100英镑或者开出另一张同样数额的支票?确实,即使我正常持有的货币余额存量占我年货币收入的一半或者更多,只要我的收入和支出相等并且发生的速度不变,那么就没有足够的理由否认每个时刻的总收入在同样时刻成为支出。因此，我认为不可能证明在实际生活中能够找到足够短的时段，满足罗伯逊教授的要求。

第十一节

其次，即使我放弃这一点，认可某个足够短的时段的确存在，也仍然存在一个问题。确实，罗伯逊教授的定义含义确切。我们可以把足够短的时段称为“天”；不管是否在第 n 天进行投资，我们可以把第 n 天的货币储蓄规定为第 n－1 天的收入超过第 n 天的消费支出的部分。通过这样处理，我们将不受任何约束地否认货币储蓄和货币投资必须相等。但是第 n 天的储蓄超过投资的部分是否能够简单称为第 n－1 天的收入超过第 n 天收入的部分？这样定义似乎没有多少好处。①

第十二节

如果我们接受上一节的观点，由于根本不能提出优于罗伯逊教授的结构，那么肯定不能满足普通人想保持总货币储蓄和投资

① 如果我们按照罗伯逊教授的方法定义储蓄和投资，那么自然会认为任意时段所囤积的货币就是在该时段储蓄超过投资的部分，因此，囤积的货币就类似储蓄超过投资的差额部分，仅仅是某个时段的收入超过下一个时段的收入的那部分的一个名称。然而，罗伯逊教授并不用这种方法来认识货币囤积。他认为：“如果某个人在某天开始采取一些方法提高目前的货币存量和他的可支配收入之间的比例，那么就可以认为该人在囤积货币。”(《经济学季刊》，1933 年，第 400 页)这样来看，他所界定的囤积或许应该称为囤积决策。把囤积作为第 2 时段的收入低于第 1 时段的收入的原因是适当的。这也是与本书第三编所提到的货币收入函数下降或向左移动背后的原因相对应。

不相等的可能性的愿望。这可能使他不得不接受,并产生如下想法。当经济系统处于均衡时(我将在下一章中描述的短期流动均衡),按照罗伯逊教授的定义,事实上,只要定义合理,储蓄和投资必须相等。只有在这个系统处于非均衡时,根据罗伯逊教授的定义,两者才不等,而根据我的定义,两者则相等。然而,在非均衡时,按照罗伯逊教授的定义所设想的根据储蓄和投资之间的差别而得到的过程,按照我的定义,用第四编第三章第八节的方法,可以很好地被描述为类似投资的劳动供给和需求之间的非均衡结果。对我来说,这个事实消除了当考虑非均衡时期时,乍看起来罗伯逊教授的定义所具有的优点,而前面描述的它所固有的缺点还在。当然,定义的便利性比原则性重要。于是,对我来说,从此以后,我将把货币储蓄定义为实际储蓄的价值;正如前面我们所发现的,这个定义使得总货币储蓄和总货币投资必定相等。

第 二 编

流动均衡

第一章　流动均衡的含义

第一节

当经济学家谈起需求和供给之间的均衡时，他们绝不带有或者至少绝不该带有这样一种意思，那就是任意时期、任意地点购买任何物品的数量和销售该物品的数量相等。在所有情况下，不管是否处于均衡状态，两个量必须相等，一个简单原因就是每次购买从另一个角度看就是一次销售。当然，完全存在一种情况，就是具体某个人购买物品的数量与其销售的数量不同。因此，和我的定义一样，如果我们这样定义货币投资，这个定义自身要求总货币储蓄等于总货币投资，那么谈论均衡或其他方式“导致”的这种相等就没有意义。[①] 这类同义反复的相等与均衡不存在任何关系。

---

① 非常令人惊讶，像哈罗德先生那样经验丰富的经济学家似乎同意这个观点。在其著作《商业循环》中，已使用了总储蓄和总投资的定义，从字面含义看，两者相等。他认为：“考虑的储蓄量通过收入的变化与净投资相适应的原理被称为乘数……净投资的改变量通过总经济活动和收入的变化*引起*（我增加的斜体）储蓄量必要的变化。”（第74页）这里哈罗德先生的论证存在缺陷，因为由于语言的随意使用，他认为货币之和等于物品的数量（第81页）。

第二节

因此，本书不再考虑这类虚假的均衡，但是需求和供给之间还有两种意义上的均衡需要区分。第一种就是在现在的价格水平上，需求者愿意购买的数量和供给者愿意销售的数量，两者相等；第二种就是在现在的价格水平上，需求者愿意购买的数量和使得价格等于边际生产成本的数量，两者相等。在完全竞争下，这两类均衡是同一件事。供给者希望按照现在价格销售的数量就是使得价格和边际生产成本相等的数量。但是，在垄断条件下，情况不是如此。垄断者就是销售者，因此，当他决定销售的时候，他可能非常愿意销售。但是销售的数量不是使得价格等于边际生产成本的数量。按照通常的公式，销售的数量使得价格乘以 $\left(1-\frac{1}{\eta}\right)$ 等于边际生产成本，其中 η 是关于商品量的需求弹性，该商品数量受到企业当前生产的影响。[①] 就单个商品来说，通常使用第二种定义，这使得在垄断情形下需求和供给之间的均衡并不普遍成立。然而，如果把经济系统看作一个整体，就这个一般观点来说，使用第一种定义更方便，它使得在垄断和竞争情形下都存在需求和供给之间的均衡。

① 在本章中，我们根据马歇尔（Mashall）的方法定义 η，它是正数，不是负数。

第三节

就某些特定物品来说，当说到按照上述方法定义的需求和供给之间的均衡普遍存在时，有时是指市场上某个时刻需求和供给的绝对量。这里有两种情况不存在均衡：一种是政府干预价格；另一种是供应量巨大，为了销售全部商品，以致不得不将价格确定为负值。除了这两种情况以外，每个时刻，市场均衡肯定存在，因为市场将考虑所有因素来调节价格，使得均衡存在。[①] 然而，经济学家主要感兴趣的不是某时刻需求量和供给量的绝对额，而是每单位时间的需求率和供给率。为了区别于市场均衡，我们称所考虑的需求率和供给率的均衡为流动均衡。然而除了上面提到的情况外，市场均衡肯定始终普遍存在，而流动均衡不是这样必然存在的状态。比如说，如果对茶的爱好突然增加，那么其价格将上涨，从而保持市场均衡。但是由于茶叶生产商会发现把他现在能得到的所有茶叶以这个高价销售，能够获得异常收益，因此，他们将扩大其种植园的面积，继续增加产出，直到再进行扩张不会再获得异常收益为止。这个过程每天都在进行，且都存在市场均衡。但是销

① 如果政府通过法律限定茶叶的最高价格，那么在这个价格水平上销售者愿意销售的茶叶都将销售一空。但是，有可能发生这种情况，购买者愿意按照最高价格购买茶叶，但却买不到他们想要的数量。一些打算购买的人将不得不处于茶叶短缺状态；选择谁处于这种状态，可能通过排队争抢，也可能通过配给系统。同理，如果政府通过法律限定茶叶的最低价格，低于该价格的茶叶不许销售，那么购买者愿意购买的茶叶都将买到。但是，也可能发生另一种情况，销售者按照该价格想销售的茶叶量远大于购买者的购买数量，从而不得不在销售者中进行排序销售，或者，更可能的是，通过政府部门在销售者中分配配额。

售的数量,还有可能的价格,每单位时间(足够长的时段)都在不断变化。这时不存在流动均衡。同理,如果天然气的生产技术突然改进,那么总是以当前状况下的时价购买他们愿意购买的量的消费者,也会受到激励开始改变现状,例如安装天然气烹饪炉具和天然气取暖器,直到完成这些事情,在这个过程中,每单位时间的销售量和可能的价格都在不断变化。[①] 这时也不存在流动均衡。只有在购买者和销售者对他们的状况满意的条件下,才存在和市场均衡一样的流动均衡。流动均衡涉及购买率和销售率不变,以及雇用率和离职率不变。

第四节

如果把经济系统看作一个整体并且处于流动均衡,那么显然,其含义就是包含在经济系统内的所有需求率和相应的供给率都处于这种均衡中。除了标准的稳定状态下,显然都不满足这个条件。当然,这样状态的存在就意味着偏好和技术都没有变化。这也意味着每个产业在销售价格和边际成本之间有明确的关系。在竞争条件下,这个关系是相等关系;在垄断条件下,边际成本肯定低于销售价格,其程度的大小根据需求弹性大小而定。[②] 此外,严格的流动均衡意味着稳定的人口和资本设备存量不变。最后这一点再次蕴含着不存在净投资和减资。

---

① 参见 Marshall, *Industry and Trade*, pp. 185—186。

② 参见前面第二节。

第五节

除了严格意义上的流动均衡外，我们可以构想一类伪的或假设的流动均衡，我将称之为短期流动均衡；在某些情况下，实际情况更接近这种均衡。这与严格的长期流动均衡之所以不同，是因为它不要求单个产业的投资率或者所有产业投资率相加为零，但允许一个正的投资率，且假设该投资率为常数。当然，这不是字面意义上的流动均衡。因为一旦发生任何（净）投资，那么下一个时期的经济环境肯定发生变化。更加特殊的是，如果投资采取固定资本增加额的形式，那么这肯定对生产消费品的生产设备有一定程度的改进，从而肯定使消费品的产出率逐步提高。然而，由于总资本存量相对于短时间内发生的任何增量来说非常巨大，此外，由于决定增加资本设备和完成设备的购买、安装、运行之间的时间间隔非常短，因此进行投资引起的消费品产出率的变化，考虑到其持续时间非常短，可以忽略。尽管短期流动均衡实际上可能从来未曾存在（除非也存在稳定状态的长期流动均衡），但可以创造某个条件来充分接近短期流动均衡。在使用这个概念时，实际上，我们所做的事情就是假设隐含在长期流动均衡中的所有条件都成立，只是不把投资率视作零，而取投资率为正并且不变。并且，我们忽略了经济系统的其他部分对这个正投资率的反应。事实上，由于这些反应持续的时间非常短，它们微不足道。当然，就任何长度的时期来说，只要我们愿意，都可以选择忽略这个反应。这类均衡是凯恩斯的《通论》关心的主题。正如凯恩斯在书中所表述的那样，它所关心的是“就业量的*均衡水平*（我增加的斜体），即对全部企业家来说，没有动机促使他们提高或降低就业的水平”[①]。

第六节

我们刚才所讨论的内容，是用一种明显直接的方式确定了稳定状态下长期流动均衡和短期流动均衡的关系。然而，还有另一种确定这种关系的方式。采用上一节的方法定义短期流动均衡，我们认为长期流动均衡是短期流动均衡的一种特殊情形。在一般情形下，储蓄的需求和投资的供给相等，不管其（正）值为多少；长期均衡的特殊情形下，它们也相等，都为特殊值零。这种方法使我们能够用方便有序的方式安排我们的内容。因此，我建议采取这种方法。

第七节

显然，按照这里使用的定义，尽管在不同均衡状态之间消费品和投资品的流动率不同，与此类似，经营资本和流动资本[②]的存量也不同，但是，在任何均衡状态下，各种资本存量不可能都发生变化。净投资的流量仅由固定资本增加额构成。这一点非常重要，

---

① 引文在第 27 页。后来他又在第 245 页这样解释道，为了分析，他“把现有的技能和可利用的劳动量，现有的可以利用的设备质量和数量，现有的技术水平、竞争激烈的程度以及消费者的偏好和习惯都视为既定”。

② 参见前面第一编第四章第一节。

这个要求保证了在短期流动均衡状态下，意愿投资和实际投资通常都相等，于是，肯定会出现商店店主由于不能销售商品存量而被迫进行非意愿投资这样的情况。此外，只要保持任何给定的短期流动均衡状态，那么就业、产出和投资自身都会处于每月或每年的不变水平上，这意味着除非我们假设货币工资率为不切实际的水平，货币收入及银行的货币贴现率都保持不变。此外，尽管短期贷款和长期贷款的货币利率不一定相等，但是它们之间的关系肯定保持不变；①因此，在二者之中，用哪一个表示利率没有差别。不过，在任意短期流动均衡的整个时期，消费品的期望价格和货币工资率，必须等于当前价格和货币工资率。否则，就必须引入一个新变量，这会导致更加复杂的问题。期望价格和货币工资率与当前价格和货币工资率相等，这意味着以货币表示的利率和以任何商品或劳动力表示的利率相等。②

---

① 在实际生活中，短期利率和长期利率的关系有时会发生很大变化，但在第一次世界大战前，英国的这两类利率在经济形势好的时候和坏的时候，总体上看几乎是相同的。

② 在非均衡的情况下，根据所预期的商品之间相对价值的变化，使用不同商品表示的贷款利率完全不同。在这个意义上，在订立协议时不管按照货币利率还是按照实际利率，现在给定期限贷款的实际利率，与度量了预期收益的货币利率都是不同的。如果预期错误，那么可能出现这样的结果：订立的协议为10%的货币收益，实际按照商品度量的收益为x%，同时预期的收益为y%。有时，称事后x%的收益为实际利率，称事前y%的收益为商品利率。当然，在这两种情况下，如果贷款不是无限期贷款，那么其中就包括了本金升值或贬值。就目前的货币利率来说，给定期限贷款的商品利率和实际利率完全一致。

第八节

此外，只有当经济系统处于从流动均衡的一个状态向另一个状态过渡时，或者由于其他原因，处于非均衡状态时，每月或每年的货币收入才处于变化之中。据此，可以得到下面的重要结果。虽然均衡状态A比均衡状态B囤积了更大量的货币这种说法是合理的，但是那种认为发生了更多囤积的看法是不合理的，这是因为事实上在两种均衡状态下没有发生囤积或非囤积。在通常意义和按照罗伯逊教授所界定的囤积和非囤积的特殊意义上看，从收入支出流通过程中流入或流出货币，发生囤积或非囤积都是事实。[①] 因为“囤积”和“非囤积”这两个术语的使用非常模糊，所以强调这一点是很有必要的。在均衡情况下，就假设来说，排除了囤积和非囤积过程。对于强制征收的税来说，也会发生同样的情况。因为这只能由货币存量扩张过程所导致，而且在任何短期流动均衡的情况下，根据定义，这种存量不变。于是，本书第二编和第三编没有讨论这些概念。

第九节

为了简化论证，在我们主要的分析中都假设不存在失业的系统获益（或者带来的任何好处）。就第二编来说，这个假设不起作

① 参见第一编第四章第十一节脚注。

用；在第三编中，这个假设起显著的作用，因此，在随后的第三编第六章中，讨论了去掉这个假设后的影响。

第二编第一章注释

我们有时把术语"动态均衡"应用于某个系统——该系统的所有部分以相同比率扩张和收缩，而保持技术等诸因素不变。由于生产的某个基本因素，也就是土地，不能够进行实物扩张，因此，除了变化率为零的极限形式，也就是稳定状态以外，由于不存在多余的土地，所以处于严格动态均衡状态的经济系统是不存在的。如果能够得到大量多余的土地，那么就存在这样的经济系统。然而，应该注意到如果考虑均衡，这就意味着不仅生产的所有要素以相同比例扩张或收缩，而且不同种类产出之间的比例也会保持不变，这只有在特殊条件下才成立。也就是说，扩张或收缩以不变的几何速度进行。因为只有这样，生产消费品行业的就业人数和生产资本品行业的就业人数才能够保持不变的关系。由于假设资本品持续永久存在，令时点 t 资本品的数量为 $f(t)$ 。和劳动力结合生产消费品的资本存量的增长率与就业的增长率相同，在时点 t，都为 $f'(t)$；生产资本品的投资增长率和就业增长率相同，都为 $f''(t)$ 。对所有 t，$\frac{f''}{f'}$ 和 $\frac{f'}{f}$ 相等的条件，就是对所有值，有 $\frac{\mathrm{d}}{\mathrm{d}t}\left\{\frac{f'}{f}\right\}=0$，即扩张和收缩以不变的几何速度进行。我们很容易证明如果经过任意一段时间后，资本品磨损，那么同样条件也必然成立。[①]

① 参见我的 *Theory of Unemployment*，Part Ⅲ，chapter ⅷ。

第二章　几个重要的变量和函数

第一节

接下来，我们分析几个变量和函数，并描述其特征，随后使用这些变量和函数继续进行讨论。我们有六个基本变量：(i)某个代表性消费产业雇用的劳动量，称为 x；(ii)某个代表性投资产业雇用的劳动量，称为 y；(iii)年利率，称为 r；①(iv)货币工资率，称为 ω；(v)货币存量，称为 M；(vi)货币的收入速度，称为 V；后两个变量相乘得到货币收入 I。我们有时也引入账户 S，表示现有的资本工具存量。为了进行全面彻底地分析，引入两个复杂变量 h_1 和 h_2 是适当的，它们分别表示消费品和投资品的生产周期，用一年的某个比例来表示。然而，为了我们的目的，这两个量可以忽略。由此导致的误差很小，我将在第三编第十二章研究误差的实质。

① 有人反对必须把这个系统中的 r 看作变量，而主张应将其看作常数，因为在均衡状态下 r 等于现有资本存量的实际收益，而实际收益为常数。但是，事实上，r 等于新投资的预期实际收益。

第二节

这里有七个函数关系，分别为：(i)消费产业的就业量和消费品的产出。(ii)投资产业的就业量和投资品的产出。(iii)通常以消费品表示的实际价格的小幅上涨，和代表性消费品需求量的相应比例下降——这些消费品是由所有从事该类消费品生产的同类企业中某个企业生产的；[①]也就是对于从事该商品生产的某个企业来说，该商品的实际需求弹性，称为 η_1。(iv)通常以投资品表示的实际价格的小幅上升，和代表性投资品需求量的相应比例下降——这些投资品是由所有从事该类投资品生产的同类企业中某个企业生产的；也就是对于从事该商品生产的某个企业来说，该商品的实际需求弹性，称为 η_2。(v)用于投资的劳动需求量和利率之间的关系，以及也可能是消费产业就业量和利率之间的关系。(vi)用于投资的劳动供给量和利率之间的关系，以及也可能是消费品的收入和利率之间的关系。(vii)货币收入量和利率之间的关系，以及也可能是总就业量和利率之间的关系。我们将描述这些函数关系的主要特点。

第三节

考虑第一个函数，即消费产业和投资产业每年的就业量和产

① 参见前言第五节。

出量之间的关系。乍一看，似乎单一的函数关系仅存在于只生产一种消费品和一种投资品的条件下，尽管我们允许有许多类消费品和投资品。但是，由于在整个讨论中，假设不同种类的消费品之间总是具有不变的相对价值，并且产出比例相同，因此，“从总体上说消费品”的数量总是清楚的，由这样一些单位按照这样的比例组成。由于投资品也有同样的假设成立，所以，对投资品来说同样的结果也成立。因此，即使每一类物品有许多种类，我们也可以把消费品的产出适当地表示为 x 的直接函数，比如说 $F(x)$，用同样的方法把投资品的产出表示为 $\psi(y)$。

第四节

这里对现实生活进行研究确实有不便之处。对于投资品产业的产出来说，其中部分产出不会增加设备存量，只是重置那些磨损的设备，并且一部分用于投资品产业本身，一部分用于消费品产业。对于用于投资产业设备重置的那部分，可以简单地用我们的函数 $\psi(y)$ 表示那些产业劳动的净产出，以区别于总产出。但是对于新生产的用于消费产业的设备，由于它们使用后就开始贬值，因此不能用这种方式进行处理。事实上，必须把生产该设备的劳动视为用于消费产业，因此，这些产业的净产出不是它们本产业劳动力的函数，而是它们本产业的劳动力加上投资产业某些劳动力的函数。进行这样的调整，虽然原则上不困难，但是为了不影响分析的本质，阐述过程将相当复杂。为了避免这个问题，在讨论过程中，我采取了一个非常不现实的假设，就是设备一旦制造出来，不会磨损也不会贬值。① 一旦有了这个假设，前面描述的不便之处当然也就不存在了。

第五节

带着这样的理解，两个函数 $F(x)$ 和 $\psi(y)$ 有什么特点？别忘了对于短期流动均衡来说，尽管存在设备存量增加的事实，但认为设备总存量不变是合乎情理的。② 因此，必须把设备看作是给定的。由此，无论我们的两类产业中的哪一类产业的就业增加，产出都将增加。也就是说，F' 和 ψ' 都总为正。随着就业增加，产出增加率的改变率为多少？人们可能认为对于给定的设备，随着就业的增加，改变率肯定总是下降，即对于 x 和 y 的所有值，F'' 和 ψ'' 肯定为负。但是，显然这种看法错了。尽管对于某些就业量来说，F'' 和 ψ'' 必须为负（由于设备给定，在不存在劳动收益递减的情况下，就业不可能无限增加），但即使不考虑外部经济的因素，对于某些劳动量来说，存在劳动收益递增，即 F'' 和 ψ'' 为正的情况，也不是不可能的。③ 同时，对于某些劳动量来说，无可置疑地存在收益不变，即 F'' 和 ψ'' 可能为零。因此，当某个产业处于一定的衰退状

① 参见前言第三节。

② 参见第二编第一章第五节。

③ 科林·克拉克(Colin Clark)先生认为在其《国民收入和消费》一书中第 258—259 页的表和图表明了英国的“工业”和其他行业不同：1936 年前的七年间高产出的平均和边际成本低于低产出的平均和边际成本。他没有非常清楚地指出建立这个表的数据来源。根据所描述事实的假设，他们确实没有证明在实际条件下存在递增收益，因为资本设备一直在增加，技术一直在进步。

态时，伴随着相当数量的闲置设备，在相当长时期内，基本的边际成本非常接近常数。显然，这将与产业处于或接近于产能完全利用状态时不同——那时边际成本肯定上升。[①] 此外，在适当的生产条件下，类似消费产业和投资产业的情况，可以合理地预测基本的边际成本不变，并且等于不变的劳动边际生产率。这个事实仍成立。

第六节

现在转入讨论前面所定义的实际需求弹性，也就是 η_1 和 η_2。我们限定了影响几类消费品供给和需求的条件，就是不管消费品生产多少，按照其他消费品表示的任何一类消费品的价格不变；并且，对投资品也成立。我们可能马上认为，我们的需求弹性 η_1 和 η_2 肯定会因此而总是无穷大。但是，这种看法错了。首先，为了我们的分析，对于总消费品中的某类消费品来说，需求弹性就是当所有其他同样产品的产量给定，只有这类产品产出变化时，该产品的需求弹性。显然，这个意义上弹性不是无穷大。其次，我们的弹性是需求弹性，它不是总消费品中任何一类消费品的需求弹性，而是对于某个企业的产出来说的。如果某个行业只有一家企业，那么显然，这个弹性和整个行业的产品实际需求弹性是同一件事情。

① 在实际生活条件下，劳动不是同质的，正如这里所假设的一样；但是，当产业扩张时，便会以目前的工资雇用能力稍差的人（即使实行计件工资，对雇主来说，能力稍差的人比能力强的人更贵，这是因为对于某项工作，能力稍差的人占用机器的时间更长）或者给关键工人超时工资率，因此在早期阶段 F'' 和 ψ'' 为负的可能性非常大。

但是当一个行业由许多企业组成时（记住，我们假设所有企业都是相同的），情况就会不同。如果这些企业是完全竞争的，那么我们的弹性与整个行业产出的需求弹性一点儿关系也没有，但是肯定为无穷大；因为如果某家企业稍微提高一点价格，那么其他企业就将完全占有该企业的整个市场。在不完全竞争的情况下（由于所有企业相同，因此对所有企业来说，弹性也相同），这个弹性是有限的。其数值部分取决于整个产业的产品需求弹性，部分取决于市场不完全竞争的程度，也就是说，一个企业价格下降多少能使该企业占有其他企业的市场。[①] 市场不完全竞争的程度越高，我们的弹性越接近单个企业垄断情形下的弹性。人们容易发现，关于消费品产出 $F(x)$ 的 η_1 的所有结论，对于投资品产出 $\psi(y)$ 的 η_2 来说仍然成立。因此，η_1 和 η_2 是 $F(x)$ 和 $\psi(y)$ 的函数，随这些函数的变化而变化。

第七节

“用于投资的劳动需求量”和“用于投资的劳动供给量”这两个词似乎令人感到不安，因为用于投资的劳动并不是用这里设想的方式马上用于需求或供给。从购买或补偿成本方面来说，进行新

---

① 因此，用 p 表示企业索要的价格；$\phi(p)$ 表示在那个价格下人们的购买量；$\psi'(p)$ 表示如果某个购买者所购买企业的价格上涨，他将把其购买量转移到其他企业的比率——这里，其他企业的价格不变。于是，在价格为 p 时，他的企业的需求弹性为 $-\dfrac{p(\phi'+\psi')}{\phi}$。如果 ψ' 的数值很大，那么即使 $\phi'=0$，这个值也比较大。当然，这个注释中的 ϕ 和 ψ 与本书主要内容中的 ϕ 和 ψ 完全不同。

投资品的投资,立刻想到需要或供给的东西便是货币。当然,此外,当支出这些货币时,部分用于购买劳动,其他的用于购买与这些劳动结合的资本工具,支付给资本工具的所有者。然而,为了保证给定的用于投资的劳动力数量不变,支出的货币量随货币工资率的变化而变化。因此,用于投资的劳动需求量和供给量显然不简单等同于投资本身的需求和供给,或者,如果我们愿意,也可以称为投资资金的需求和供给。一个更合适的做法似乎就是把这些资金的需求函数和供给函数作为我们分析的中心。但是,事实上,这种做法和这里所采取的方法差不多。对需求或供给来说,比如说,用于投资的 y 单位劳动,意味着需要或供给用于投资的货币为 $p_2\psi(y)$ 单位,其中 p_2 为每单位投资品的货币价格。我们立刻会发现,[①]这等于 $\dfrac{\psi(y)}{\left(1-\dfrac{1}{\eta_2}\right)\psi'(y)}\cdot\omega$ 个货币单位,ω 为货币工资率。也就是说,给定货币工资率、投资产业的劳动生产率函数和 η_2 的值,一旦确定了用于投资的劳动量意味着也就确定了投资的货币量;并且,反之也成立。

第八节

下面考虑更加符合实际的用于投资的劳动需求函数的假设,这是比较合适的,这个假设就是技术条件,即 ψ 和 F 的形式是给定的。显然,提供给从事投资品生产的指定数量的边际工人的货币

① 参见第二编第三章第七节。

工资率取决于(在完全竞争条件下等于)期望从投资品产出中得到的未来全部货币收益以能够借到的货币利率进行贴现的贴现值。由此可以马上得到用于投资的劳动需求量是利率 r 的函数。然而,它只是这个变量的函数,还是它也受目前从事消费产业的劳动量 x 的影响?

第九节

这里有一些容易使人产生困惑的地方。利率,如同这个概念所反映的,它取决于预期从现在投入的资源的边际单位未来获得收益。对于目前给定的年投资量,平均来看,预期设备未来需要雇用的劳动量越多,显然利率也越高。实际上,这个期望本身的确部分取决于现在可得到的就业劳动量的多少。然而,它不取决于现在实际就业劳动量的数量。在任何情况下,只要目前雇用的劳动量成为目前投资需求的劳动量的一部分,它就会通过影响 r 的值而形成这个预期,而不是通过影响当前投资来形成这个预期。与此相反,有时认为实际雇用的劳动量应该根据消费产业雇用的劳动量越多、该产业需要的机器存量也越多这个基本原则而定。的确,在某些情况下,如果消费产业雇用的劳动量增加,那么机器存量也应该增加,并且,直到这些事情,可能还有其他事情都做完后,才能够重新建立短期流动均衡。但是,这些反应属于非均衡状态。[1] 当系统处于短期流动均衡时,投资和消费产业的情况一样,

① 参见第四编第六章第四节至第八节。

也存在稳定的就业率，但是限于篇幅不进行讨论。因此，考虑到卡尔多(Kaldor)先生的反对意见，[①]尽管有些犹豫，但是我还是认为给定预期和技术因素，投资的劳动需求函数仅是单变量函数，也就是说，是利率的函数，我们称其为 $\phi(r)$.

第十节

那么，这个函数有什么特点？让我们首先假设投资品的唯一目的就是为将来工人生产消费品提供工具，并且这个新工具的构造和现有工具相同。对我们的分析来说，重要的是现在资本品的存量相对于任何时期我们进行的投资的增加额都非常巨大。因此，不管任何时间，比如一年内，对投资品存量的投资增加额规模多大，我们都把投资品的边际实物产品看作是相同的。由此可得，如果任何年份，不管机器的数量是如何达到的，单位机器的劳动成本相同，那么给定就业量，不管从事投资的劳动量规模多大，任何年份从事投资的单位劳动的收益和以消费品(人们都提供这种消费品的借或贷)表示的利率，二者相等。因此，正如我们已经发现的，从事机器制造的工人创造超过某数值的不变收益是不可能的。其原因就是为了达到短期流动均衡，可以利用并且与工人匹配的工具存量是固定不变的。因此，对生产消费品所需要的工具进行投资，要求相应的劳动需求函数超过某数值后，更多的劳动用于投资会导致收益递减；并且，超过该数值后，对于以消费品表示的利

① 参见 *Economic Journal*，December 1941，及我的回复，September 1942。

率来说，低利率水平上对劳动的需求比高利率水平上对劳动的需求更多。

第十一节

此外，到目前为止，我们都默认所有新工具都处于和那些已存在的工具相同的状况。如果我们想象新的先进工具处于不利的环境中，这里需要克服严重的自然障碍和市场距离较远所造成的不便，那么这就给出了一幅更能代表实际状况的图景。这与现实中投资面临许多发展前景参差不齐的情况相一致。当我们用这样的方式看问题时，显然，以消费品表示的利率越低，需要投资在工具上的劳动量就越多——即使较大的劳动量与较小的劳动量相比，前者每单位劳动不会生产更少的工具。这强化了上一段的论证。当我们想到事实上投资品的唯一目的并不是与劳动合作生产消费品，而是许多投资品也给消费者提供直接服务时，这个论证便得到了进一步的强化。因此，概括起来，我认为对于任何给定的商业心理和信心，可能需要用于投资的劳动越多，用消费品表示的利率就会低，这不仅是超过某个数值以后的情形，而是在我们感兴趣的整个范围之内都是如此。我们必须承认，部分推理超越了我们正式假设的严格范围；但是，毕竟，模型是供人使用的，而不是相反。

第十二节

然而，还有一个难题。对于利率 r 来说，我们直接得到的不是用消费品表示的比率,而是用货币表示的比率。如果人们预期将来消费品的价格比现在高,即预期一英镑将购买到较少的消费品,那么用货币表示的货币利率肯定比用消费品表示的消费品利率要高。但是,如果预期将来消费品的价格和现在一样,那么用消费品表示的利率和用货币表示的利率肯定相同。正如前一章第七节所指出的那样,为了我们的分析,我们假定预期的未来价格和现在价格相同。这就解决了我们的难题。我们推断,不管我们把利率用货币表示还是用消费品表示,对于所有 r 的相关值,$\phi'(r)$ 很可能为负。

第十三节

现在转入讨论用于投资的劳动需求函数。如果用前一节描述的方式,假定已知贷款人关于未来的看法,这包括他们关于未来消费品价格的预期,则用于投资的劳动供应量部分取决于货币利率,部分取决于社会目前的状况,比如说每年消费品创造的收入。因此,我认为没有人怀疑这个函数不是单变量函数,而是两个变量的函数。我们把它记为 $f\{r,F(x)\}$。[①] 这个函数的本质是什么?人们通常认为对于给定的利率,用于投资的劳动供应量越大,用于消费的收入量也越大。当额外的就业使得收入增大时,增加的就

① 到目前为止,由于非赚取工资的人完成了投资的主要部分,因此有人可能愿意使用 $f\{r,[F(x)-xF'(x)]\}$,而不是 $f[r,F(x)]$。考虑到 $xF'(x)$ 显然是 $F(x)$ 的函数,现在这样做是没有意义的。但是,当我们开始考虑引入失业的好处和补贴系统的影响时,关于这个问题还需要深入讨论。

业可能太少以至于不能对投资雇用的劳动产生任何可以觉察的影响，这个问题还没有答案。当然，就业规模越大，使得比较富裕的非赚取周薪者和赚取周薪者一样，用于消费的收入也越多。对于任意给定的利率，用于投资的劳动供给越多，用于消费的收入也越多，因此，我们对此确信无疑。至于当就业给定时，高利率水平上是否比低利率水平上有更多投资，人们还没有达成一致。这个问题将在本编第五章第二节进行讨论。

第十四节

这里还需要对供给函数进行深入讨论。请注意，我们定义的用于投资的劳动供给函数是部分实际收入的函数，不是全部实际收入的函数，它是消费品实际收入的函数。其原因就是全部实际收入是一个模糊的概念，其精确含义取决于人们多少有些随意做出的分配给消费品和投资品不同权重的决策。然而，由于在我们的整个分析中，的确都假设有多种消费品，其相对数量和价值总不变，因此，消费品收入这个概念完全不存在歧义。当然，如果这个概念导致错误的分析，那么这个便利性原因并不能证明我的过程是合理的。但是，在随后的讨论过程中，我们将分别讨论消费产业系统中的就业量和投资产业系统中的就业量，以及它们各自的产出，这两个系统通过以确定的方式紧密联系的方程组连在一起。因此，上面的简化处理没有坏处。

第十五节

最后，我们转入讨论货币收入函数。在任意时期，积攒的货币收入量等于货币总存量的收入速度乘以研究期间的总存量自身，其中货币总存量的收入速度通常用 V 表示，货币总存量通常称为 M 。让我们按顺序考虑这两个量。

第十六节

根据我们熟悉的原理，V 与实际收入的倒数成比例。比如，如果所有工作的工人都生产消费品，那么实际收入就用生产的消费收入度量——一般来说，每个时期人们都会选择以货币形式持有消费品。根据商业票据、证券等资产收益一览表，持有人进行资产选择，这类资产能够给持有人带来持续不断的用货币计算的收益。持有人持有这类资产的规模使得这些资产的边际收益正好等于把这些资产投资以利率形式支付的边际收益。显然，在给定条件下，商业票据等资产的边际收益越大，以货币形式持有的资产就越少。但是，r 越大，这样持有的资产就越少，并且 V 也越大。因此，给定收益表，V 部分是利率的函数，$\frac{\partial V}{\partial r}$ 为正。

第十七节

但是V不仅仅取决于利率。当然，为了我们的分析，我们把V看作常数；但是为了方便和遵循一般的商业惯例，V也部分取决于分别按照长期和短期支付的人们之间收入的分布。这个分布可以粗略地用赚取周薪者的收入占总收入的比例表示。因为赚取周薪者与按月或按季度领取工资的人相比，收入支出可能非常快（保留在账户中的比例很小）；所以这个比例越大，货币的收入速度也越快。因此，如果我们用P表示赚取周薪者收入所占的比例，V仍然部分是P的函数，则$V=\chi(r,P)$，并且$\frac{\partial V}{\partial P}$和$\frac{\partial V}{\partial r}$都为正。因此，和第三编第三章将要证明的一样，有理由认为在各种条件下，比例P可能非常稳定。凭借这一点，结合我们的一般常识，在任何情形下，P发生很小的变化不会比V发生很小的变化引起的影响更大。不考虑P这个因素，我们认为不会造成严重的问题。[①]

第十八节

但是，还不止如此。随着实际收入的增加，人们显然有理由认为，当实际收入到了某个水平时，人们希望把他们实际收入的很大一部分用于投资，因此，他们也喜欢以货币形式持有的实际余额等

① 读者会明白等式$V=\chi(r)$仅在均衡条件下成立。如果愿意储蓄的量和实际储蓄的量不同，那么V也是两者之差的函数。

于实际收入的更大比例。而正如罗伯逊教授向我指出的那样，人们越富有，人们在节俭实际余额方面越能够变得更聪明。因此，我认为，总的来看，我们忽视这些问题是安全的，并且，会得到近似等式 $V=\chi(r)$ ，其中 χ' 为正。当然，如果人们对于以货币形式持有财富的态度发生了变化，比如在恐慌时期，那么往往把这个函数变形为其他形式。①

第十九节

这里转入讨论因素 M 。记住，我们假设存在一个封闭的经济系统，因此，即使我们社会的货币量以黄金为基础，货币外流或货币注入也都是不可能的。即使如此，也有完全不同类型的货币和金融政策。首先，中央银行可以采取措施允许 M 随着货币利率的升降而升降。我称此为正常的银行政策。其次，中央银行可以尽力保持货币收入不变。第三，中央银行可以尽力保持消费品价格水平不变。最后，中央银行可以采取保持利率不变的政策。当然，中央银行还有许多别的可以采取的政策，但是，我们的讨论将限定于已经列出的四种银行政策。② 显然，如果中央银行采取的政策是正常政策、不变收入政策、消费品价格不变政策和不变利率政

---

① 因此，V 是 $\chi(r)$ 的函数，而如果人们对流动性的意愿发生变化，那么 V 也将变化。在我看来，仅因为函数 ϕ 变化（如果它发生变化），意愿表不可能发生变化。但是 D. H. 罗伯逊持有不同的观点，见 *Essays in Monetary Theory*。

② 我的确没有对保持一般价格水平不变的政策进行讨论，部分原因在于这个概念模糊不清。我也不会讨论保持货币收入除以货币工资率的值不变的政策，因为这个政策从来没有被采取或提倡过。

策，那么 M 将从不同的方式被调整。我们将从原则上对每种政策进行阐释，而不是为了任何具体的应用。因此，当我们谈到现行的银行政策是保持消费品价格不变时，这不能被理解为不允许把在某一水平上的价格调整为另一水平上的价格。这个政策就是不管在哪个水平上保持消费品价格水平不变，都要在此时确定下来。当然，其他政策也必须按照同样的意义来解释。

第二十节

这里还需要提出一些忠告。在区别四种货币政策时，我们不应该理解为仅由银行采取措施就能够成功实现这些政策的目的。的确，银行通过贴现和开放市场政策能够控制 M 的规模。但是 M 和 V 不是相互独立的——当银行管理 M 时，想避免 V 的部分反向反应足够大并不总是在银行的控制之下，因此达不到预期的目的。于是，我们假设他们希望保持货币收入不变，并且，该收入面临下降的趋势。人们可以使用偿还银行债务的办法创造新货币以阻止这个趋势。在此情形下，货币一旦被创造出来就会被毁坏或者以储蓄存款的形式闲置；通过这样的方式，V 以一定比例的收缩且对 M 的扩张起了反作用。如果我们换一种说法，我们可以认为尽管总货币在增加，但是由于新增加的总货币不活跃，所以活跃货币不变。这并不是说这些事情肯定会发生，不要忘了中央银行有时可以通过调整贴现率直接操控 M，使其达到合意的水平。例如，商业机构认为提高贴现率是一个警告，可以用这种方式收缩 V。然而，无疑，这些事情有可能发生。此外，还有其他可能发生的糟糕事情。当中央银行采取措施阻止货币收入扩张或收缩时，人们可能形成一种心理反应使得银行完全不能达到其目标。银行达到目标的必要条件可能就是银行将目标设得更高些。因此，在繁荣期的上升阶段，如果银行为了抵消 V 扩张到某个程度而从商人手中收回贷款，则考虑到上述心理反应，其行为可能导致抵消过度。在这种情形下，尽管银行努力消除扩张，但却诱致了收缩。如果在衰退刚开始的时候（此时繁荣减弱）银行试图通过发行新贷款来抵消现在开始的 V 的收缩，那么由于心理反应，它们可能不只抵消这些，因此，结果不是稳定，而是重新开启了繁荣阶段。[①] 这里没有必要深究这个问题，它与我们现在的问题没有直接关系（尽管它与实践高度相关）——该问题就是，针对我们区分的几个不同目标的银行政策，事实上是否总能够实现这些目标。这里，我们关心的问题就是如果实现了这些目标将会发生什么事情。

第二十一节

在此基础上，我们就能够把货币收入，也就是 I 或 MV ，表示为利率的函数。我们已经发现 V 是利率的函数，随着利率上升而上升。对于正常的银行政策来说，M 也是这样的函数。因此，我可以记为 $g(r)$ ，其中 g' 为正。对于保持货币收入不变的银行政策来说，可以使用同样的形式，在这种情况下，g' 等于零。当保持

① 只要中央银行以黄金或者以由法律限定其数量的票据为基础进行运作，它可以采取的措施，即使是关于 M 的，就是受限制的。因为在法定货币的要求下，它不能增加无限的负债来满足有效支票的需求，除非它总能得到充分的货币供应。

利率不变时，我们也可以使用这种形式，此时 g' 为无穷大。最后，当银行政策是保持消费品价格不变时，如果我们愿意，我们仍然可以不受约束地写下 $I = g(r)$ ；但是，该等式受我们很快就将描述的一个条件的约束，它以一种特殊的方式决定了函数 g 。

第三章　短期流动均衡状态下的经济系统

第一节

在描述了与我们问题有关的主要基本组成部分后，为了使得短期流动均衡存在，接着我要指出它们相互联系的方式。在主要讨论中，我将忽略实际生活中失业带来好处的事实，或者通常存在的类似事情。关于这个问题我将保留我的看法，在第三编第六章进行讨论。

第二节

首先，用于投资的劳动需求函数和供给函数必须恰好相等。因此，我们有第一个方程：

$$\phi(r)=f\{r,F(x)\}\text{。}\cdots\cdots(\text{I})$$

第三节

其次，y 表示用于投资的劳动供给，我们也有方程：

$$y=f\{r,F(x)\}。\cdots\cdots(\text{II})$$[①]

第四节

第三，在消费产业和投资产业中，就业量和实际工资之间各自都有许多关系处于均衡状态。

通常用 W_1 表示消费产业中用消费品表示的实际工资率，用 W_2 表示投资产业中用投资品表示的实际工资率。我们已经同意分别用 x 和 y 表示消费品产业和投资品产业中的劳动量，分别用 $F(x)$ 和 $\psi(y)$ 表示消费品产业和投资品产业中的产出量，分别用 η_1 和 η_2 表示两组中代表性企业生产的代表性商品的需求弹性，这和前一章第六节的定义一样。于是，我们知道完全竞争条件下处于均衡状态时每类产业的实际工资率等于其将来边际产品贴现的实际值。[②] 如果分别用 h_1 和 h_2 表示消费产业和投资产业的生产周期(这里的生产周期的含义是代表性工人产出的最终销售和收到工资之间的间隔)，这意味着有

$$\frac{W_1}{1-rh_1}=F'(x)$$

和

---

① 这个方程可以表示为其他形式。根据第 113 页脚注建立的假设，类似那个注释中的方程(Ⅳ)，有 $y=\eta_{F(x)}F(x)\frac{r+v_{F(x)}-q_{F(x)}}{r}$；$q$ 表示代表性个体未来效用的贴现率。

② 当然，用同样的方法，可以得到固定资本工具的收益率等于未来边际产品的贴现值。除了劳动和固定资本工具外，剩下的余额为该项目运营资本和流动资本获得的收益。

$$\frac{W_2}{1-rh_2}=F'(y)\text{ 。}$$

然而，在前一章第一节中，我们已经指出过，由于 rh_1 和 rh_2 较小，故而忽略了这两部分；如果考虑 rh_1 和 rh_2，那么将导致复杂的形式，而对我们的分析结果没有实质性的影响。因此，我们没有使用上述方程，而是记为

$$W_1=F'(x)\text{ ，}$$

$$W_2=F'(y)\text{ 。}$$

在更一般的允许垄断的条件下，根据垄断理论中的熟悉命题，这些方程替换为

$$W_1=\left(1-\frac{1}{\eta_1}\right)F'(x)$$

和

$$W_2=\left(1-\frac{1}{\eta_2}\right)\psi'(y)\text{ ，}$$

其中 η_1 和 η_2（定义为正数）分别是 $F(x)$ 和 $\psi(y)$ 的函数，且都大于 1。在本章中，主要考虑这种一般情况。

第五节

第四，在均衡时，我们有关于货币收入和消费品及投资品的总销售价格的等式。[①] 这两类物品的销售价格分别用 p_1 和 p_2 表示，

① 至于市场上没有销售完的投资品或者消费品，必须进行非书面的调整，认为它们已经销售，可以说，被它们的生产者自己购买了。

用 I 表示货币总收入。于是，我们有：

$$p_1 F(x) + p_2 \psi(y) = I \text{ 。}$$

第六节

第五，如果我们用 ω 表示货币工资率，并且考虑到均衡时，两类产业中的工资率必须相等的事实，我们有

$$\frac{\omega}{p_1} = W_1 \text{ ，}$$

$$\frac{\omega}{p_2} = W_2 \text{ 。}$$

第七节

把前面三节的结果放到一起，消去 p 和 W，我们得到下面这个单方程：

$$\left\{ \frac{F(x)}{\left(1 - \frac{1}{\eta_1}\right) F'(x)} + \frac{\psi(y)}{\left(1 - \frac{1}{\eta_2}\right) \psi'(y)} \right\} \cdot \omega = I \text{ 。}$$

第八节

我们所讨论的内容准确地描述了均衡条件的情况。因为在均衡条件下，由于企业家每周的收入相同，所以企业家每周的收入是物品的报酬，这些物品他们以前已经付了账，这并不重要。但是，

在非均衡条件下，将在第四编讨论的这个事实非常重要。[①]

第九节

如果银行政策为正常政策或者不变收入类型抑或是不变利率类型，那么有 $I=g(r)$ 。因此，上述方程变为

$$\left\{\frac{F(x)}{\left(1-\frac{1}{\eta_1}\right)F'(x)}+\frac{\psi(y)}{\left(1-\frac{1}{\eta_2}\right)\psi'(y)}\right\}\cdot\omega=g(r)\text{ 。}$$

为了简化起见，由于前面表达式中每个部分都是 x 的函数，[②]所以，我们记

$$\frac{F(x)}{\left(1-\frac{1}{\eta_1}\right)F'(x)}=K_1(x)\text{ ；}$$

同样，有

$$\frac{\psi(y)}{\left(1-\frac{1}{\eta_2}\right)\psi'(y)}=K_2(y)\text{ 。}$$

前面的式子，也就是我们的第三个方程，于是变为

$$(K_1+K_2)\cdot\omega=g(r)\text{ 。}\cdots\cdots(\text{Ⅲ})$$

第十节

如果银行的政策是为了保持消费品价格不变，那么上面第

① 参见第四编第六章第九节至第十一节。

② 参见第三编第二章第三节。

三个方程会变成不同的方程。这表示了代表性消费品的价格（这里的 p_2）保持不变的事实。从第五节和第六节，可以很容易地得到

$$p_1=\left\{\frac{1}{\left(1-\frac{1}{\eta_1}\right)F'}\right\}\cdot\omega=\frac{K_1}{F}\cdot\omega\text{。}$$

因此，在这种情况下，我们得到不同形式的第三个方程：

$$\frac{K_1}{F}\cdot\omega=C(\text{常数})\text{。}\cdots\cdots(\text{Ⅲ})(\text{b})$$

第十一节

就我们现在的目的来说，重要的问题不是在不同的情况下，我们的第三个方程应该采取哪种精确形式，而是目前两个其他方程中还有一个未知部分。当然，这个未知量就是货币工资率，我们称之为 ω。因此，不管第三个方程的形式如何，这三个方程都含有四个未知量 x、y、r 和 ω。显然，这还不是一个确定的系统。我们还缺少一个方程。为了确定这个系统，除了下一个脚注中的特殊情况，必须增加一个独立的条件或方程。当然，在抽象的情况下，我们可以利用的其他条件和方程有无限个。然而，如果我们希望保持与现实的联系，那么感兴趣的只有两个：(i)总就业等于可利用的劳动量，因此，我们可以记为 $r+y=Q$（常数）；(ii)由政府或通过集体谈判将货币工资率固定下来，因此，我们可以记为 $\omega=T$（常数）。不管哪一个条件增加到前两个方程中，也不管我

们选择第三个方程的形式如何，除了一种特殊情况外，[①]我们都能确定一个密切联系的系统。

第十二节

当我们的第四个方程形式为 $(x+y)=Q$ 时，不管 ω 的形式如何，这个方程和前两个方程一起确定了 x、y 和 r。接着，由于知道了 x、y 和 r，不管使用第九节和第十节描述的哪一个其他形式，都由第三个方程确定 ω。因此，x、y 和 r 相互之间的关系比这三个变量和 ω 之间的关系在某种程度上更重要。因此，在 x、y 和 r 中，知道两个变量的值就能确定第三个变量的值，从而也一起决定了 ω 的值。但是，当第四个方程的形式为 $\omega=T$ 时，就不存在这种相应的重要性了。不管第三个方程的形式如何，不存在一个方程和另外两个方程与第四个方程一起确定 x、y 和 r 中的任何一个变量。因此，在 ω 通过 r 确定 $(x+y)$ 和 ω 通过 $(x+y)$ 确定 r 这两种说法中，前者并不比后者更正确。事实上，这两种说法都不正确。除非我们的意思仅是，如果给定 ω 和所有相关的函数，那么只有在 r 确定其应有的值后，才能确定 $(x+y)$ 应该具有的值，或反

① 当第三个方程为 $(K_1+K_2)\cdot\omega=g(r)$ 时，实际上，总是可以确定该系统。如果第三个方程为

$$\frac{K_1}{F}\cdot\omega=C,$$

第四个方程为 $x+y=Q$，那么也总是可以确定该系统。但是，如果第三个方程采取上面的形式，第四个方程为 $\omega=T$，那么还可能存在一个条件，在该条件下，不能确定该系统。这个条件就是，代表性消费产业中和不同就业量匹配的实际工资率不变。

之也成立。在某种程度上，我们不得不借用马歇尔的说明方法：在一个碗的底部有许多球。这些球相互决定了彼此的位置；或者，更严格地说，周围的整个环境共同决定了所有球的位置。

第十三节

最后这一节讨论第二个问题。除了上一个脚注中提到的例外情况，最重要的事实就是，对于第二节到第十节所描述的由三个方程确定的系统来说，不管第三个方程采取的其他形式如何，增加的第四个方程无论是 $(x+y)=Q$ 的形式还是 $\omega=T$ 的形式，都可以确定该系统。这意味着只要所有已经给定的条件成立，不需要引入更多的独立条件。更特别的是，当系统的第四个方程形式为 $(x+y)=Q$ 时，第四个方程的另外一种形式 $\omega=T$ 不成立。因为如果那种情况发生，那么系统就处于过度确定的情形；也就是说，如果这些条件都成立，那么它们相互之间应该存在矛盾。弄明白造成这种不可能的确切因素很重要。由国家颁布法令规定全国各地支付的货币工资率水平以及雇用工人的数量，这并不是不可能的。实际上，同时实施这样两个法令还可能存在非常大的实际困难，但是，原则上，实施这两个法令不是不可能的。从我们的分析中，我们不能合理地推断实际中这肯定不可行。那么，这意味着什么？非常简单，这意味着系统中的另一方程不成立。更准确的说法，在已确定的利率水平上，需求的投资量不等于人们愿意提供的量，或者，在已确定的工资率水平上，需求的劳动量和提供的劳动量不相等。也就是说,第二编第一章所描述的短期流动均衡的必要条件并不是都成立。

第四章 稳定条件

第一节

显然,所有包括在我们模型中的变量 x、y、r、ω、W_1 和 W_2 必须为正,并且,在均衡时,这些变量的值必须使函数 F、F'、ψ、ψ'、K_1、K_2 和 g 都为正。此外,由于在均衡时有

$$\left(1-\frac{1}{\eta_1}\right)F'=W_1 \text{ 和 } \left(1-\frac{1}{\eta_2}\right)\psi'=W_2 \text{ ,}$$

记住,我们规定这些量都为正,因此,η_1 和 η_2 都大于 1。此外,在本编第一章中,我们认为在一定范围内必须认为 ϕ' 为负;并且,因此认为 $\frac{\partial f}{\partial F}$ 和 $\frac{\partial f}{\partial F}\cdot F'$ 都为正;而对于我所称的正常货币和银行政策,g' 根据定义来说也为正。然而,对于我们的分析,某些其他变量的符号也非常重要,并且这些讨论都包含在本书的第一版中。这些变量的符号可以从我们所称的稳定性条件得到明确确定。根据这些条件,我认为我能够断定在所有情况下,$\left(\frac{\partial f}{\partial r}-\phi'\right)$ 必须为正(或零),K'_1 必须为正,$\left(\frac{K'_1}{K_1}-\frac{F'}{F}\right)$ 为正或零,K'_2 为正。然

而，事实上，我的推理是不完善的。因此，我打算在本章中再次重新研究这个一般问题，即稳定性条件能让我们得出关于上述表达式的符号的哪些推论。

第二节

推导的方法如下。由于我们研究的目的是发现现实世界是如何运行的，因此，我们不讨论只具有理论上的可能性，而现实生活中不可能发生的某类均衡情况。这样做是合适的。我们可以把均衡分为三类：①稳定均衡。典型例子就是平稳直立的船。在此情形下，如果发生小的偶然的扰动，那么就会有一些因素发挥作用，使其重新回到初始情形；②非稳定均衡。典型例子就是以一端直立平衡的鸡蛋. 在此情形下，如果发生小的偶然扰动，那么就会有一些因素发挥作用，使该系统进一步不断地偏离初始情形。③中性均衡。典型例子就是平放着的鸡蛋。在此情形下，如果发生小的偶然扰动，那么上述两类因素都不会起作用。按照现实生活来看，小的偶然扰动会持续不断地发生，研究非稳定均衡不会得到有意义的结论。因此，假设我们的模型不考虑这类均衡的条件，这是合适的。我们将研究这个假设的意义。

第三节

因此，我们可以排除两类非稳定均衡：第一类非稳定均衡是就业和(或)投资总量上的均衡。第二类非稳定均衡是某些特定产业中几家企业产出之间的均衡；也就是说，如果某家企业偶然增加产出，而不是丢掉了市场、被迫压缩产出，它将会被驱使着进一步扩大产出并且把竞争对手从市场中排挤出去。显然，不管存在哪一类非稳定均衡都与系统维持自身片刻均衡相矛盾。让我们首先考虑排除掉前一个更一般的非稳定均衡的意义。

第四节

在本书第一版中，我认为如果系统的任何部分，例如消费产业任何企业的劳动量或者其他因素，自身发生小的扰动，那么这将招致一些因素加重这个扰动；因此，必须认为系统的均衡为非稳定均衡，从而不接受产生这种均衡的条件。然而，蒋(Tsiang)先生*指出，某部分的扰动能导致其他部分的反应，这种稳定性趋势超过了初始运动的非稳定性趋势。在这种情形下，尽管称这种均衡为不完全稳定是合适的，但是，这是一种有效的稳定。因此，不能因为在实际生活中不可能保持自身的存在，就去掉允许产生这种情形的条件。我们可以去掉的唯一条件就是在面临小的偶然的变化的情况下，当考虑到直接和间接反应时，那些涉及非稳定性的条件。

第五节

我们从一个一般的方程开始讨论：

---

* 指中国经济学家蒋硕杰(1918—1993)。——译者注

$$\phi(r)=f\{r,F(x)\}\ 。\cdots\cdots(\mathrm{I})$$

在本书的第一版中，我从这个方程开始推导，得到了去掉非稳定均衡的必要条件：

$$\left(\frac{\partial f}{\partial r}-\phi'\right)=>0\ ;$$

因为，显而易见，如果表明利率和给定收入的投资所需要的劳动量之间关系的曲线负向倾斜，那么它只能是后上转 backward-rising 曲线，而不会是向前下降 forward-falling 曲线。但是，这个推导没有考虑到当 r 变化时，χ 会产生反应，这将防止系统变得不稳定，而不存在 χ 的反应时系统将变得不稳定。因此，需要其他能够考虑到这些反应的方法。

第六节[①]

因为我们已经有 $y=\phi(r)$，所以对于我所谓的正常类型的银行和货币政策，以及保持货币收入不变的政策，除了前面的方程(Ⅰ)，还有方程(Ⅱ)——这里把 ω 看作常数，等于一个单位：

$$g(r)=K_1(x)+K_2\{\phi(r)\}\ ;\cdots\cdots(\mathrm{II})$$

为了去掉当考虑到间接和直接反应时的非稳定性，我们要求有条件

$\frac{\mathrm{d}}{\mathrm{d}x}(f-\phi)=>0$，约束条件为 $g(r)=K_1(x)+K_2\{\phi(r)\}$。(A)

这个条件是一个变形，也就是说，它和下面的系统条件含义相同：

① 我应该把本节数学分析部分归功于钱伯瑙恩(Champernowne)先生。

$\frac{d}{dx}[K_1(x)+K_2\{\phi(r)\}-g(r)]=>0$，约束条件为 $f=\phi$。(B)

我们可以得到去掉非稳定均衡的条件，该条件为：

$$\frac{\partial f}{\partial F}\cdot F'=>\frac{\left(\frac{\partial f}{\partial r}-\phi'\right)}{\phi' K_2{}'-g'}\cdot K_1{}'\text{，……(C)}$$

其中，$K_2{}'$ 表示 $\frac{dK_2}{d\{\phi(r)\}}$。

显然即使我们从外面知道 $\frac{\partial f}{\partial F}\cdot F'$ 为正，ϕ' 为负，g' 为正（或者零），这个条件对于确定 $\left(\frac{\partial f}{\partial r}-\phi'\right)$、$K_1{}'$ 或 $K_2{}'$ 的符号也不起作用。

第七节

对于保持消费品价格水平不变的货币和银行政策来说，这里和前面一样，仍把 ω 看作常数，等于一个单位，第二个一般方程与前面的有所不同，替换为 $\frac{K_1}{F}=C$（常数）。

为了排除非稳定均衡，我们必须有 $\frac{d}{dx}\left(\frac{K_1}{F}\right)=>0$，这意味着

$$\frac{K_1{}'}{K_1}-\frac{F'}{F}=>0\text{。……(D)}$$

此外，这意味着 $K_1{}'$ 为正，但是这对于推断 $\left(\frac{\partial f}{\partial r}-\phi'\right)$ 或 $K_2{}'$ 的符号没有作用。

第八节

现在转入讨论第三节提出的另一类非稳定均衡。消除这一类非稳定均衡需要的条件能否给我们所感兴趣的符号一些提示呢？

在本书的第一版中，我提出了关于均衡条件 $\left(1-\frac{1}{\eta_1}\right)F'=W_1$ 和 $\left(1-\frac{1}{\eta_2}\right)\psi'=W_2$ 的稳定性问题，并认为，为了去掉非稳定性，我们必须假设

$$\frac{\mathrm{d}}{\mathrm{d}x}\left\{\left(1-\frac{1}{\eta_1}\right)F'\right\} \text{ 和 } \frac{\mathrm{d}}{\mathrm{d}y}\left\{\left(1-\frac{1}{\eta_2}\right)\psi'\right\}$$

都小于等于零，显然，这意味着 K_1' 和 K_2' 都大于零。

然而，这并不正确。在 $\frac{1}{\eta_1}$ 和 $\frac{1}{\eta_2}$ 都等于 0 时的完全竞争情形和不完全竞争情形之间做区分是非常有必要的。

第九节

对于短期均衡的分析，我们认为应该不考虑外部经济。因此，在完全竞争下，如果某家企业(比如第 n 家企业)的 F_n'' 为正，则该家企业一定处于非稳定均衡。从这个结果进行推广并推出在完全竞争条件下，为了去掉非稳定均衡，F'' 必须小于等于零，同样，ϕ'' 也必须小于等于零，这是很合理的。我们很容易发现，这意味着 K_1' 和 K_2' 必须为正。

第十节

乍一看，似乎在不完全竞争条件下，可以排除

$$\frac{\mathrm{d}}{\mathrm{d}x}\left\{\left(1-\frac{1}{\eta_1}\right)F'\right\} \text{ 和 } \frac{\mathrm{d}}{\mathrm{d}y}\left\{\left(1-\frac{1}{\eta_2}\right)\psi'\right\}$$

的值为正的情况——这也是我在写作第一版时所认为的；但是，事实并非如此。用 p_n 表示某特定企业生产的某特定消费品用复合的消费品单位表示的价格，为了去掉非稳定均衡（把 ω 看作常数），我们必须有

$$\frac{\mathrm{d}}{\mathrm{d}x_n}\left\{\left(1-\frac{1}{\eta_1}\right)F_n'\cdot p_n\right\}<=0\text{ 。}$$

在第一版中，根据在所有均衡情形下，我的模型要求所有消费品的相对价格相同，我把 p_n 当作常数。因此，我马上推断

$$\frac{\mathrm{d}}{\mathrm{d}x_n}\left\{\left(1-\frac{1}{\eta_1}\right)F_n'\right\}<=0\text{ 。}$$

然而，蒋先生证明①为了分析单个企业的稳定性，把 p_n 看作常数意味着认为"该企业主事前预期的其产品的价格相对于其他产品的价格总保持不变"；这与我们假设不完全竞争条件矛盾。然而，如果我们认为 p_n 不是常数，那么显然，$\frac{\mathrm{d}p_n}{\mathrm{d}x_n}$ 一定为负。因此，$\frac{\mathrm{d}}{\mathrm{d}x_n}\left\{\left(1-\frac{1}{\eta_1}\right)F_n'\cdot p_n\right\}<=0$，并不意味着 $\frac{\mathrm{d}}{\mathrm{d}x_n}\left\{\left(1-\frac{1}{\eta_1}\right)F_n'\right\}<=0$。不完全竞争情形和完全竞争情形不同，我们推导不出与特定企业

① *Economic Journal*, December 1944.

有关的一般稳定性条件：$\frac{\mathrm{d}}{\mathrm{d}x}\left\{\left(1-\frac{1}{\eta_1}\right)F'\right\}$ 和 $\frac{\mathrm{d}}{\mathrm{d}y}\left\{\left(1-\frac{1}{\eta_2}\right)\psi'\right\}$ 都小于等于零，或者，这两个条件所蕴含的 $K_1{}'$ 和 $K_2{}'$ 都必须为正。

第十一节

因此，我们可以把上述结果总结如下。去掉第二节中区分两类非稳定均衡所要求的条件并不能使我们在任何情况下推断出 $\left(\frac{\partial f}{\partial r}-\phi'\right)$ 的符号。在完全竞争条件下，不管货币和银行系统的政策是哪一类，我们都能够根据这个要求推断出 $K_1{}'$ 和 $K_2{}'$ 都必须为正。在不完全竞争条件下，对于正常的银行和货币系统和保持货币收入不变的系统，推断不出 $K_1{}'$ 和 $K_2{}'$ 的符号。但对于保持消费品价格水平总体上不变的银行和货币政策来说，可以得到 $\frac{K_1{}'}{K_1}-\frac{F'}{F}=>0$，并且 $K_1{}'$ 为正。①

---

① 如果只有单独一类消费品（忽略投资品），那么在不完全竞争，甚至是所有生产都在单独一家企业进行的情况下，都将有 $\frac{1}{\eta_1}=0$，这与完全竞争的情况相同。由于不可能使商品的价格用其自身表示，因此没有人能够通过限制产出来提高价格。这样来看，尽管完全竞争意味着按照复合消费品表示的需求弹性无穷大，但是无限弹性并不意味着完全竞争。于是，如果仅有一类消费品，那么 $\frac{\mathrm{d}}{\mathrm{d}x}\left\{\left(1-\frac{1}{\eta_1}\right)F'\right\}$ 便简化为 F''，这和完全竞争情形下一样。但是在此情形下，因为 F'' 为负，并不能导致非稳定均衡，所以，正如完全竞争情形下一样，没有排除这种情况。然而，这种情形没有实际意义。

第五章　除了考虑稳定性条件外某些符号的确定

第一节

稳定性条件对于确定 $\left(\frac{\partial f}{\partial r}-\phi'\right)$ 、K'_1 和 K'_2 的符号有很大的帮助，正如我们在前一章所描述的那样，这个事实自然使我们很少提出能否使用其他方法得到关于这些符号的知识的问题。在这简短的一章中，我们将讨论这个问题。

第二节

经济学家已经对在给定实际收入的条件下人们可能的储蓄量和利率之间的关系进行了大量详尽的讨论。在某些情况下，对某些人来说，更高的利率将招致更低的储蓄率，也就是说，$\frac{\partial f}{\partial r}$ 将为负；人们对于这个结论存在争议。然而，我们关心的是现代社会的所有人被当作一个整体时的情况，或者把同样类型的人用一个人代表时的情况。这个问题可以很好地用马歇尔的话总结为“虽然许多人的储蓄率几乎不受利率的影响，但是，对于那些已经决定把自己或其家庭收入的某个固定数量用于储蓄的人来说，高利率比低利率时的储蓄要多；然而，大多数证据似乎支持利率或储蓄的需求价格的上涨往往导致储蓄量上升的观点”①。也就是说，大量证据似乎支持 $\frac{\partial f}{\partial r}$ 为正的观点。我认为自马歇尔以来并没有发生什么变化，因此，这个结论还成立，尽管有理由增加一个说明，那就是 $\frac{\partial f}{\partial r}$ 的正值可能较小。但如果 $\frac{\partial f}{\partial r}$ 为正，由于我们知道 ϕ' 为负，那么更有理由认为 $\left(\frac{\partial f}{\partial r}-\phi'\right)$ 也为正。由于根据证据来看，$\frac{\partial f}{\partial r}$ 很可能为正，由此可得，$\left(\frac{\partial f}{\partial r}-\phi'\right)$ 可能以非常高的概率为正。在本书的第一版中，我认为必然成立的结论实际上是或然的。

第三节

我们已经看到：$\frac{\mathrm{d}}{\mathrm{d}x}\left\{\left(1-\frac{1}{\eta_1}\right)F'\right\}<=0$ 蕴含着 $K_1{}'>0$；同样，$\frac{\mathrm{d}}{\mathrm{d}y}\left\{\left(1-\frac{1}{\eta_2}\right)\psi'\right\}<=0$ 蕴含着 $K_2{}'>0$。然而，我没有找到与稳定性条件无关，更可能保持 $\frac{\mathrm{d}}{\mathrm{d}x}\left\{\left(1-\frac{1}{\eta_1}\right)F'\right\}$ 和 $\frac{\mathrm{d}}{\mathrm{d}y}\left\{\left(1-\frac{1}{\eta_2}\right)\psi'\right\}$ 为负而不是为正的合理的理由。没有什么原因不允许 F'' 和 ϕ'' 为正，可能更有理由认为增加产出将使人们购买的典型企业生产的典型

① *Principles*, 5th edition, p. 534.

商品的需求弹性增加，而不是相反。[①] 然而，这还不是最后的结果。因为尽管消除了使 $\frac{\mathrm{d}}{\mathrm{d}x}\left\{\left(1-\frac{1}{\eta_1}\right)F'\right\}$ 和 $\frac{\mathrm{d}}{\mathrm{d}y}\left\{\left(1-\frac{1}{\eta_2}\right)\psi'\right\}$ 取正值的条件（在这些条件下 K'_1 和 K'_2 必须为正），但由于没有消除使得 K'_1 和 K'_2 取正值的其他表达式，因此，它们也可能为正。实际上，它们可能取正值吗？我们用 P_1 和 P_2 分别表示消费产业和投资产业的产出用于这些产业的劳动量的比例份额，于是，有 $K_1=\frac{x}{P_1}$ 和 $K_2=\frac{y}{P_2}$ 。在第三编第三章中，我将证明实际经济中 P_1 和 P_2 显示出非常高的稳定性。如果它们完全稳定，则毋庸多言；如果它们随着 x 和 y 的增加而减少，那么立刻可以得到 K'_1 和 K'_2 一定为正。但是，如果 P_1 和 P_2 随着 x 和 y 的增加而增加，只要它们增加的比例不大于 x 和 y 增加的比例，那么 K'_1 和 K'_2 也将为正。因为

① 在哈罗德先生的著作《商业周期》中，他认为在不完全竞争条件下，增加总产出可能与典型需求的递减弹性有关。这是因为随着人们变得富有并能够购买更多的消费品，为了获得很少的一点好处就把其购买从一家商店或企业转移到另一家对消费者来讲变得越发不值（此处，引自第 21 页）。然而，另一方面，还有一个重要的原因。在不完全竞争条件下，对某家特定企业产出的需求弹性还取决于人们所购买的消费物品的特点。通常来说，随着人们能够购买更多的消费品，他们为了满足不急迫的需求，会把比例更高的支出花在购买这些消费品上。与对必需品的需求弹性相比，人们对于名声不好的产品的需求弹性更大。因此，艾伦教授和鲍利教授对某个收入范围内的家庭支出进行了统计研究，他们认为："随着总消费上升，预期大多数商品替代将变得更容易，越多的支出将花在范围愈大的项目上，因此，指定项目被其他项目替代的可能性增加了。由此可得，对任意项目来说，关于其价格的变化的需求弹性可能随消费品的增加而增加。随着总消费水平的上升，需求往往变得更有弹性。"在整个这一段中，我用"总消费"替换了"收入"。

$$K'_1=\frac{d}{dx}\left(\frac{x}{P_1}\right)=\frac{1}{P_1}\left\{1-\frac{x}{dx}\cdot\frac{dP_1}{P_1}\right\},$$

并且,用同样的方式建立了 K'_2 和 P_2、y 的关系。鉴于统计学方面的证据,假设这个条件成立是合理的。因此,我得到了 K'_1 和 K'_2 可能取正值的结论。

第六章　古典观点

第一节

下面我们再次继续第三章的论证。从逻辑推理的角度来讲，没有理由认为第四个方程的形式不应该为 $(x+y)=Q$ 和 $\omega=T$；也就是说，不应该对充分就业和某个随意确定的固定货币工资率做出规定。如果我们完全不考虑现实状况，那么这两种情况的可能性不相上下，并且我们应该对它们有同样的兴趣。然而，事实上，我们不可能完全不考虑现实状况；因此，对我们来说，判断这两种可选择的可能性与现实的距离有多远，就非常重要。这导致了对有时称为“古典观点”的讨论，以及对以马歇尔和我自己为代表的现代观点的讨论。

第二节

与凯恩斯的观点一致，古典观点认为对于我们在序言所描述的模型，在所有情况下，第四个方程的形式均为 $(x+y)=Q$（常数）。用另一种方法解释，并且考虑到实际情况，这意味着总存在

“充分就业”;我们把充分就业概括地解释为除去诸如因流动不便或类似摩擦等其他因素导致的失业外,所有愿意成为赚取周薪者的人都能够就业。对于这种古典经济学家的观点,批评者指出,其蕴含着对投资的需求和供给行为的改变总是不会影响总就业的逻辑。从逻辑上看,“古典学派”肯定反对政府打算通过公共工程减缓价格下降以及在经济衰退时热衷开展各种经济活动;后一种行为有助于补充消耗的资本存量。然而,根据古典观点,就业一定总是充分处于就业状态(尽管统计学给出了相反的结论),因此他们不能反对这种观点。当然,这是一种歪曲的理解。古典观点并不是或者主张或者暗示总存在充分就业——第四个方程的形式总为 $(x+y)=Q$ ——的观点。

第三节

那么,什么是古典观点?古典观点最严格的形式,就是事实上充分就业并不总是存在,但总是存在实现的趋势。按照我们的解释,这意味着如果经济系统不受扰动干扰,我们第四个方程的形式将总是 $(x+y)=Q$ 。事实上,由于存在扰动且货币工资具有某种程度的黏性,所以对于任何短时期来说,这个方程可能有另一种形式 $\omega=T$ 。但是,总是有一股非常强的力量有助于方程 $(x+y)=Q$ 成立,该力量决定了在不同时间 T 会出现不同值。通过这样一种方法,把繁荣时期和萧条时期进行平均,可以说,方程 $(x+y)=Q$ 在幕后起支配作用。当然,这并不意味着平均来看在上述意义上存在充分就业。由于我们知道有时就业低于充分就业水平，同时，就业显然从来不会超过充分就业水平，因此，这种观点没有意义。然而，其意义在于如果系统不受扰动的干扰，那么总存在充分就业。事实上，由于扰动对就业有一定程度的影响，因此，平均就业少于充分就业。当然，因为系统受到扰动的影响、存在摩擦且劳动力不能完全流动，所以，把繁荣时期和萧条时期的就业人数占可利用劳动力的百分比进行平均，结果不是百分之百，而是小于百分之百的某个百分数——越接近于稳定、无摩擦和劳动力完全流动的理想系统，这个百分比越接近于百分之百。正如我在拙著《失业理论》中所指出的，“由于劳动者之间完全自由竞争和劳动力完全流动……总存在一种决定工资率的强烈趋势，所决定的工资率与使得每个人都被雇用的需求有关。因此，在稳定条件下，实际上每个人都将被雇用。这意味着任何时刻存在的失业完全是由于需求持续不断的变化和摩擦阻止了工资进行合适的及时调整造成的”①。这应该能被人们观察到。它并不意味着繁荣时期和萧条时期愿意成为赚取周薪者的人的平均失业率一定不变，它仅在摩擦、流动性等经济环境都相同的条件下才不变。

第四节

也许上面的解释有点学究气。我们不需要把术语“古典观点”限定于完全自由竞争条件下就业状况应趋于零失业，或者字面意义上的充分就业。我认为我们应该把实际生活中认识到的一个事

① 引文在第252页。

实纳入其中,那就是代替劳动者的完全自由竞争,可能有不同标准的“工资政策”。有时这样的工资政策是通过与工会方进行集体谈判确定的,有时是由政府决定最低工资。正是因为这些机构是被雇用的,所以其政策目标不一定是建立一个比赚取周薪者进行完全自由竞争得到的工资率更高的工资率系统。然而,我们有理由相信,不管怎样,在某些生产中心,有时工资政策的目标瞄向非常高的工资率,这个工资率比处处采取就能够产生零失业的工资率高很多。关于这个结论,有几个问题需要指出。

首先,由于一些受到保护不与外国进行竞争的产业,特别是基础产业(比如交通产业)的停工将对普通公众造成巨大损害,因此这些行业中的就业者在谈判时处于非常有利的地位。即使劳动需求弹性比 1 大,从而使得该产业的工资率较高但是总收入低于工资率较低的产业,该产业的工人也会竭力要求——并且成功地要求到了——高工资率。因为他们不会看到失业带来的有害影响;并且,即使他们发现这个问题,负责谈判的领导者也宁可选择给相对少的工人以较低的总收入、较高的个人收入,而不是给较多的人以较高的总收入、较低的个人收入。关于这个问题的政策将取决于人们对于帮助失业工人的这类法规的重视程度。如果某家工会只关心该工会的失业成员,那么较高的失业意味着工会基金的消耗非常大,这便制止了对高工资的要求。然而,如果工会关心失业成员而牺牲其他人利益,那么失业者很多时工会的会费不会高于失业者较少时工会的会费,因此,也不会执行高工资。从 19 世纪 20 年代早期开始,英国大规模地建立了国家资助的失业保险系统,该系统支付的救济金较高,人们毫不怀疑这个系统使得赚取周薪者与其他情况相比,能够保持较高的工资水平。

其次,某些几乎可以被描述为“技术偶然性”的东西施加了重要影响。对于需要花费时间确定工资的系统来说,在进行集体谈判时,完全考虑到任何一般个体之间能力的细微差别是不切实际的。实际上,可以对某些身体明显不便或反应异常慢的工人设计特殊合约,但这些合约肯定非常粗略和不完善。因此,相比于能力稍强的人,对能力稍差的人通常所确定的每单位能力工资要稍高一些。在这样的条件下,如果设定的每单位能力的工资非常低,使得从事该项工作的所有赚取周薪者都可以被雇用,那么能力更强的工人得到的工资会显著低于他们的边际价值。这自然会招致不满。因此,在受到一般标准制约的工资谈判中,可能确定的协议工资率是在能力更强的工人的边际价值和能力较弱的工人的边际价值之间的某个中间数值。如果这样做,那么能力较弱的工人将比充分就业时获得的适当工资更高。

最后,在现代文明国家里,都会对合理的生活工资水平进行粗略估计形成共识。这样的共识只是通过了解一些差不多“处于平均水平”的工人的实际生活水平而粗略形成的。因此,人们有理由预期,如果能力最低的工人——他们集中在需要很少技能或体力的职业——都被聘用,那么他们的边际价值将低于大众所认为的任何工人得到的合理的最低工资水平。于是,不是通过公众压力而是通过劳资协商委员会立法机构加强了这种观点。在这种情况下,除非支付的超过工人价值的收入快速地提高了不称职工人的素质,使其达到与他们的工资相对应的水平,或者快速地激励雇主改进方法,通过间接的途径达到均衡,否则他们的实际工资将高于自由竞争达到的水平和无失业时的水平。[①]

第五节

下面我们准备讨论主要问题。如果古典观点正确地表达了这些事实,不管是以严格的形式还是以不严格的形式,那么必须确实存在某种机制,可以假设在给定的环境下,通过该机制就业趋势就好像被一根橡皮绳与可利用劳动力数量的趋势连接到一起。除非我们能够给自己画一幅这样的机制图,并且给出相信该机制起作用的理由,否则,就古典观点这种情况进行的论证就不充分。而如果我们能够做到这一点,就古典观点这种情况在某种程度上进行的论证就非常充分。

第六节

我认为主张古典观点的人会把他们认为或多或少发挥作用的机制描述如下:当失业百分比较高时,工资赚取者对工作的竞争,正如摩擦和垄断政策所起的阻碍和延误作用一样,会导致现有的工人接受低货币工资;但是,另一方面,当失业百分比较低时,雇主之间对稀缺劳动力的竞争往往推高了货币工资。然而,当货币工资减少时,雇主通常会雇用更多的劳动力以获得利润;反之也成立。因此,当就业中可利用的劳动力的比例低于正常值时,就使用

① 上面这段文字主要摘自我的 *Theory of Unemployment*,pp. 253—256。

某个过程来提高该比例；反之也成立。在无摩擦和具有流动性的条件下，无论正常情况是按照字面意义来理解的充分就业还是低于充分就业，这种修正调整将持续进行，以维持正常情况。在现实生活中，当存在摩擦和不流动时，这种调整将形成一个不变的中心，就业会围绕其波动。

第七节

然而，用一般的术语不足以描述这个假设的机制。我们不得不探究如果这种机制发挥作用，它必须满足什么条件，并且在实际生活中这些条件是否都可能满足。我们很容易确定所要求的条件——共有两个：首先，货币工资率不是僵化固定的，在货币需求下降的压力下，货币工资率将长期趋于下降。其次，对于几乎所有可能导致货币工资率减少的货币和银行政策来说，如果其他情况相同，多雇用工人能给雇主带来更大的利益，以致就业量往往比以前更多。如果这两个条件都满足，那么我们的机制就会发挥作用；而如果其中一个不满足，那么这个机制就将不起作用。最近，经济学家才普遍相信这两个条件成立；但是近年来，对这两个条件一直都有一些怀疑。

第八节

我们对第一个条件的讨论不需要很长时间。就一般和理论意义上来说，显然无法判断货币工资率是否会保持刚性而不下降。

这是一个只能根据实际经验来回答的问题，答案视具体条件而定，而根据实际经验可以推测出哪些是相关的条件。英国的证据不支持货币工资率具有刚性的主张。鲍利博士提出的货币工资指数，经过了从事工资较高的职业的工人比例有上升趋势的这一事实的修正后，表明在 1880—1914 年间下降的年份有 1885 年、1886 年、1901 年、1902 年、1903 年、1904 年和 1909 年。[①] 因此，在许多特殊的年份，一般的平均工资率下降；并且，这不仅仅是对诸如 1919—1920 年战后繁荣时期发生的强烈上升趋势的反应。如果平均工资率下降，那么更不必说某家企业特定的工资率肯定早已下降；并且，由于政策的目的似乎不是保持这样一个一般的平均工资率水平，所以某家企业工资率下降这个事实直接证明了货币工资率不具有刚性。人们有时认为实际上尽管我们所得到的结论过去成立，但是目前由于各种原因货币工资率已经具有了刚性。事实的确不支持这种观点。毫无疑问，赚取周薪者在某种程度上把货币工资看作"自在之物"，即使价格下降，也反对减少工资，这确实是真实的。但是，他们都拒绝价格水平降低，特别是随生活费用的变化而变化，这种建议难获支持。仅仅是下面的事实就足以证明这一点，这就是在紧随着 1914—1918 年第一次世界大战之后发生的价格迅速变化时期，英国许多产业都采取了工资根据生活成本按比例增减的政策。但是，最近也有更多的证据。在 1924—1934 年间，英国普遍降低了全职工人每周的货币工资率，每个等级都降低 6%。这还不是全部："这种一般的平均，遮掩了不同产

---

① *Wage and Income since 1860*, p. 6.

业之间更大的变化。在采煤业、采石业和纺织业中，平均降低了大约15%；在建筑和承包以及某些原材料行业中，大约降低了9%或10%；交通业降低了约为5%或6%；化工、工程、金属、服装业、食品和酒类、造纸和印刷以及电力、煤气和地方政府等部门中只大约降低了1%或2%；农业的数字显示平均大约提高了6%或7%。”① 当然，没有人怀疑英国的货币工资率总是具有黏性，这是从下述意义上来说的：工资下降的趋势会遭受抵制，以及工资不能快速地达到如果不存在集体谈判、工资委员会等机制或机构时的水平。进一步讲，许多人会同意在1918年之后的那一段时期，失业保险和救助极大地加强了工会的地位，这种黏性比过去更明显。然而，有确凿的证据表明，在英国工资于过去和现在都不存在刚性。由于英国工会肯定至少和其他国家工会一样强大，因此，一个合理的推断就是当前条件下全世界的货币工资率都不具有刚性。当然，这并不排除很快发展形成使它们具有刚性的环境的可能性。考虑到通常切实可行的目标，我们不需要费心研究这种情况。两个条件中的第一个条件成立。

第九节

现在转入讨论第二个条件。开始就有一个难题。如果工资下降导致人们产生不久它们将进一步下降的预期，那么某些有可能雇用劳动力的雇主或许会延迟他们的需求，这正如人们预期实际

① *Statistical Journal*，1935，Part Ⅳ，pp. 653—654.

上已变便宜的靴子不久将更加便宜的心理一样。然而，必须记住，劳动同靴子不一样，它不是耐用品。如果人们今天不雇用今天的劳动，那么他们再也不能雇用了。因此，这个因素可能不如乍看起来那样重要。此外，当使得工资率下降的驱动力来自失业压力时，众所周知，一旦减少的工资量足够大，压力就将不存在，从而工资率下降的趋势将停止。因此，我们可以把注意力集中于某类货币工资率降低，这类货币工资率降低与其继续降低的预期无关；或者，更严格地说，集中于给定所有相关的函数的情况下，两种短期均衡之间货币工资率的差别。我们必须证明降低货币工资率事实上将激励雇主雇用更多的劳动力。

第十节

在第四章和第五章中，我们发现对于实际中可能存在的任何货币和银行政策，我们可以预期 $\left(\frac{\partial f}{\partial r}-\phi'\right)$ 、$\frac{\partial f}{\partial F}\cdot F'$ 、K'_1 和 K'_2 的符号为正，这是正确的。并且，如果货币和银行体系能够成功保持消费品的价格水平大体上不变，那么 $\left\{\frac{K_1'}{K_1}-\frac{F'}{F}\right\}$ 将为正。在确定了这些符号后，数学附录中得到的公式就描述了在前面规定的意义上降低工资的影响，这些公式表明，在完全竞争和不完全竞争条件下一样，降低工资将激励就业。这种影响的论证不能用概括式方式由文字描述得到。然而，该内容将在下一编给出，分析结果将集中在数学附录中。

第十一节

第七节描述的机制能够发挥作用所要求的两个条件都满足后，可以说古典观点成功地经受住了理论界的批评。因此，我们会问当面对这些事实，或者更确切地说，面对由可得到的英国统计数据提供的样本时，结果如何？从 1853 年直至 1914 年第一次世界大战发生为止，具有价值的证据表明，英国繁荣时期和萧条时期的平均就业率基本保持在可利用劳动力的一个固定百分比上。工会记录的工人离职的百分比就像一层层具有完全清楚的最高点和最低点的连续不断的波浪。就每层波浪来说，百分比的变化非常大。但是，如果我们取相邻波浪的年均值，不管我们的测量是从某个最大值到下一年的最大值，还是从某个最小值到下一年的最小值，我们发现所有波浪的平均值只存在非常小的差别。下表给出了用这两种方法得到的相邻波浪的百分比：

根据某年的最小值到下一年的最小值计算的平均失业率(%)

1853—1859	5.2	1882—1889	5.9
1860—1864	4.8	1890—1898	4.6
1865—1871	4.7	1899—1905	3.9
1872—1881	4.2	1906—1913	4.5

根据某年的最大值到下一年的最大值计算的平均失业率(%)

1852—1857	4.4	1879—1885	6.1
1858—1861	5.7	1886—1892	5.2
1862—1867	5.0	1893—1903	4.2
1868—1878	3.8	1904—1908	4.6

于是,根据这些统计数据,可以得到从 1853 年到 1908 年的整个波浪序列中,寻求就业的人们所占的平均百分比,也就是实际上被雇用的平均百分比,从未低于 94%,也未高于 96%。因此,在此期间,平均就业量占可利用劳动力的比例肯定处于差不多相同的水平。同时,可利用劳动力的规模本身也有巨大的增长。在 1881 年,英国进行的"有报酬就业"人口(男性)的人口调查数据为 885 万,1911 年为1,293万。因此,我们可以推测可利用劳动力增长了 45%左右。当然,工会的数据是通常可获得的数据,根据这些非常有限的数据,不能准确地度量就业百分比的变化。即使如此,没有人真的会怀疑如果在所涉及的期间可利用劳动力百分比发生了非常大的变化,与此有关的正常雇用的劳动力数也会发生百分比大致相同的变化。概括地说,超过繁荣时期和萧条时期二者平均水平的就业量占可利用劳动力的比例不变。

第十二节

1919 年到第二次世界大战发生前的这段时间,由于持续的时间不够长,我们不能比较连续周期的平均就业水平。因此,我们不能说这一时期的百分比趋势是否接近水平线。然而,如果考虑到记录方法的改变,那么一般认为这一时期的失业百分比比以前高很多。然而,1914 年前的那段时间,平均百分比约为4.5%,最大值为 13.9%;1920—1938 年间,平均百分比为 13.3%,最大值为 21.9%。总结这些事实对我们理解通过理论分析得到的结论有何帮助?

第十三节

两次世界大战之间的平均失业率百分比的大幅度超额增长可以很容易地用1918年之后和1914年之前经济环境的巨大差别来解释:萧条地区的特殊环境、出口贸易的恶化、劳动力转移的困难以及由于失业保险的发展所导致的工会谈判能力增强。因此,的确不存在对理论分析提出的结论不利的证据。而1918年以后的数据也不支持该结论。

第十四节

然而,对1914年以前的数据来说,情况完全不同。就业的平均百分比在长长的一系列周期中非常稳定,这强烈地表明劳动力的规模是平均就业量的决定因素——就业显然不能决定可利用劳动力的规模。而摩擦、流动等经济环境因素,要么变化很小,要么虽变化很大,但是其变化的影响几乎完全被掩盖和淹没。因此,在这段时期,古典观点得到了很强的统计数据支持。当然,单个国家五十年的历史不足以为一个一般性结论提供证明。并且,在存在很多可能性且很容易忽略相关原因的领域,理论分析肯定总有某种程度的短暂性。到目前为止,在这个分析中,我认为古典观点(我们已小心地将其从当前对它的讽刺歪曲中区分出来)表现尚可。

第七章　马歇尔关于利率的观点

第一节

本书的目的不是批评其他经济学家。然而，前一章的论证与凯恩斯对马歇尔在《经济学原理》中关于利率的观点的批评密切相关。因此，对这个问题进行讨论是合适的。

第二节

马歇尔写道："利息作为任何市场上因使用资本而支付的价格，会趋于一个均衡水平，这使得那个市场上在该利率水平上对资本的总需求等于在该利率水平上出现的总资本存量。"①也就是

① 《经济学原理》第534页。根据上下文，确信这里的"存量"（有点不幸）用作流量的同义语。上面的说法看起来似乎不明确，因为马歇尔的确没表示过他是想把利息用货币来度量还是用特定的复合商品来表示，即他是否提到过货币利息或实际利息。然而，《经济学原理》的结论都是基于明确的假设，即价值是"用不变购买力的货币来表示的"（第534页），因此，货币利息和实际利息必须相等。鉴于这种观点，凯恩斯认为"把属于货币经济领域的利息（凯恩斯的意思是货币利息）概念引入他的不考虑货币的专著之中"（《通论》第189页）让他感到"困惑"，似乎是没有根据的。

说，利率和用于投资的实际收入量会进行调整，从而使得在那个利率水平上投资需求的实际收入量等于在该利率水平上提供的投资数量；通过这样一种方式，不存在不满足的需求和被拒绝的供给。

第三节

于是，任何时期的需求量和供给量都可以只表示为利率的函数。如果用 s 表示实际投资量，用 r 表示利率，则 s 和 r 由需求方程 $s=\phi(r)$ 和供给方程 $s=f(r)$ 共同决定。凯恩斯根据投资的供给事实上是两个变量——就业量和利率——的函数，用强烈的措辞对这个概念进行了批评。

第四节

如果能够解决这个初始的问题，那么我们将非常满意，对此没有异议。在马歇尔的解释中，正如读者将注意到的，没有清楚地谈到生产能力是影响实际投资供给的因素之一。因此，显而易见，他似乎认为这里的供给与生产能力无关。但是，事实上马歇尔的确没有这样认为。相反，他专门进行了说明：储蓄（这里的意义和实际投资供给一样）不仅仅取决于愿望，也取决于储蓄的能力。[①] 因此，由于社会的生产能力如此，所以他的供给函数也如此——这一点没有人会否认。按照他的观点，任何时点实际投资的供给量取

① *Principles*, Book Ⅳ, chap. vii, § 10.

决于提供的实际利率和社会生产能力。但是,尽管社会生产能力是过去经济运行的结果,并且随着资本设备的积累会逐渐提高,从现在的任何时点看,它却是一个常数。它的确不是也不应该被看作变量。在决定函数形式时,也考虑到了这个问题。

第五节

然而,面对这样一些清楚和显然合理的论述,凯恩斯却指出,在给定利率水平上提供的用于投资的资源量不仅仅取决于社会的生产能力,也取决于这种能力得到使用的程度。显然,如果只有一半能力被使用,那么实际收入也将被减少到这样的数量;并且,实际上,不管收入用实际收入还是货币收入来表示,用于投资的收入比例将很可能完全与生产资源被充分利用时的情况不同。因此,除非假设资源数量,或者为了简单起见,假设雇用的劳动力数量由外部决定(用这样一种方式考虑投资和利息,我们需要把它们看作常数),否则马歇尔的分析就失效。实际上,他把用于投资的资源供给函数表示为单变量函数,但事实上它是两个变量的函数;另外也可能他意识到它是两个变量的函数,但他觉得包含两个方程和三个未知变量的系统是确定的——当然,这是荒谬的。凯恩斯相信马歇尔犯了这两个大错中的一个,并且,这是他对他称之为古典学派的批评的实质。

第六节

对这种批评的回答清清楚楚。马歇尔在其《经济学原理》中研究的是长期趋势，产业波动将是后一卷的主题；对我们来说非常不幸的是，后一卷他没有写。[①] 为了研究长期趋势，他确实事先提到雇用的劳动量已定，可以说，是由外部决定的，在讨论投资和利息时，把它们看作是给定的，用这样一种方式进行讨论。他认为按照第一编第一章所解释的可用于工作的工人量是确定的。如果他没有这样认为，那么他将为凯恩斯指责他的正式错误而愧疚。在目前的情况下，这些批评与他《经济学原理》的结构完全没有关系。一旦理解了他的论述，这些批评就完全不成立了。

① 目前，人们不会总是记得对马歇尔的那些批评意见，显然对他的学生来说，《经济学原理》只是引论。

第八章　可利用实际收入的规模和储蓄的比例

第一节

虽然本章所讨论的主题暂时离开我们论证的主题，但是本章发展形成的分析方法成为后一章研究问题的方法——可以说，后一章构成了我们分析的终点。考虑到这一点，并且我认为也是出于兴趣，才对现在的主题进行讨论。所以，虽然从逻辑上说本章的大部分内容确实是多余的，但是我还是在这里保留了本章。当然，对读者来说，本章所使用的符号 x 、ϕ 、η 和本书其他部分的含义不同。

第二节

在任何给定的条件下，每个人都把一部分收入作为储蓄，即收入减去消费支出，这可以为正、为零，也可以为负。因此，任何时期，每个人的收入和其储蓄之间肯定有一个算术关系式。

第三节

在现代国家，对于许多人来说，他们积累的大部分收入，从自己能够控制这些收入用途的意义上说，是不能为他们所支配的。因此，公司未分配利润绝对是所有股东的一部分收入，其多少与他们所持有的股份成比例——尽管通常不这样认为。但是，如果考虑到政府征收间接税，那么该部分几乎接近所有收入；由于英国的比例（在战争预算案中）接近 $97\frac{1}{2}\%$，因此，该量占收入之比非常高。由于储蓄占总收入的比例受不可利用部分如何处置的影响，而收入的持有人不能控制储蓄的使用；[①]因此，显然我们不大可能发现就总收入来说，储蓄随收入变化的一般规则。我们只能考虑与储蓄有关的可利用收入，其中储蓄是可利用收入的一部分。我所关心的问题就是，对于可利用收入规模不同的个体，比较分析他们预期储蓄的不同比例。

第四节

乍一看，这个问题似乎非常容易解决。我们应该研究国家的

① 雇员的某一部分收入将支付给养老基金或保险基金，有时，这成为就业的条件。在一定意义上，这部分不可利用。但是，我认为，就我的目的来说，最好认为它们是可利用的。就通常用这种方式得到的储蓄来说，它们替代了雇员进行的其他储蓄，这些储蓄是不存在基金规则时雇员的储蓄；并且，不管是否如此，通常他们对其他收入的处置方式也受到他们进行这部分储蓄的影响。因此，我认为不考虑这些比考虑这些更容易产生误解。

实际情况和我们感兴趣的时期。因为,显然人们的储蓄占可利用收入的比例取决于除了人们当前收入之外的各种其他因素,所以,我们肯定不可能得到所有相同收入的人,他们的储蓄比例也相同的结果。不过,我们能够对于各种水平的收入,得到储蓄的平均比例,也就是每个收入水平上,一般人或典型人的储蓄比例。用这样一种方式描述数据,事实上能够表明:在该国所讨论的这个时期,储蓄占可利用收入的比例是否随着可利用收入的上升而呈现出某种上升、不变或下降的趋势;在可利用收入的不同范围内,趋势的方向或强度是否相同;等等。如果我们能够得到这些信息,那么它们将具有极大的价值。事实上,这还不能完全满足我们的好奇心。虽然我们仍需要解释这些事实产生的原因,但是这至少建立了一个安全的平台和起点。不幸的是,对于任何国家来说,所要求的这类统计数据不足以进行详细的统计研究。因此,我打算在本章主要就我提出的问题进行理论研究。在最后一节,我将简要地提到美国对 1935—1936 年进行的两项统计研究。

第五节

一开始就应该强调,我们问题的基本方面不同于把整个社会或国家看作一个整体,确定储蓄占收入比例的决定因素。对整个社会来说,复杂的相互影响同时决定了该社会的总收入、总储蓄和利率。然而,对某个个体来说,他所决定的储蓄量,并不会对他(此时)的收入水平和利率产生相当大的影响。此外,尽管对整个社会来说,在某种非均衡状态下,因为 A 的储蓄可能影响 B 的收入,所以公众愿意进行的储蓄和他们实际进行的储蓄，可能存在差别，但是当比较不同个体时，我们发现并不存在这样的差别。他们愿意进行的储蓄和他们实际进行的储蓄二者等同。

第六节

我们进行了这样的理解以后，更清楚的是，我们的理论分析只能在“其他情况不变”的基础上继续进行。在实际生活中，不同的人本性不同，因此，在同样的情况下，他们的行为也将不同。为了克服这个难题，我们必须限定仅讨论下面的问题：对基本性格本质上相似的人来说，可利用的收入不同，他们进行的储蓄存在多大的差别？考虑到家庭规模等因素，不同的人负担差别很大。我们必须假设相似的人负担类似。然而，不同的人可能有不同的预期。有人预期将退休，因此二十年后比现在更贫穷；有人预期会继承财产，因此将变得更富有。此外，有人预期不久需要养家，并且孩子需要接受教育，随后随着孩子的长大，预期孩子们能够自己谋生；有人则归入永久的独身者行列。显然，目前收入相同的人，那些预期将来需求更多、收入更少的人比那些预期相反的人，储蓄更多。因此，我们目前的分析，至少在第一阶段，应该对预期相同的人进行比较。要这样做，最简单的方法就是假设每个人期望从今以后享有除了储蓄外的实际收入等于他目前正享有的实际收入，并且，在抚养亲属等方面，他承担和现在一样的负担。用同样的方法并由于同样的理由，我们假设每个人预期将来的货币利率和一般价格水平大体上与现在相同，或者，更准确地说，其行为和他预期的相同。我们可以通过增加一个有点不现实的更强假设，预期每个人都长生不老，这能够进一步简化论证，而其实质没有任何差别。

第七节

这里还有一个更困难的问题。考虑两个基本性格相同的人：到目前为止，两个人都已经习惯于每年的收入，比如600英镑，并且进行储蓄，比如50英镑。其中某个人发现他的收入增加到2,000英镑。尽管他仍习惯于600英镑的收入水平，但是他的储蓄占新收入的比例肯定要比后来当他变得习惯于2,000英镑水平时储蓄占收入的比例高得多。更一般地，给定性格和负担的任何人，预期其储蓄占收入的比例主要取决于他所习惯收入水平的多少。避免由于这个问题引起歧义极其重要。为此，目前的讨论将限定于研究这样一些人，其中每个人都习惯于他实际得到的可利用收入。正如前面所假设的，他们性格的基本相同，并不意味着拥有不同收入的他们会拥有相同的生活水平——当然，这非常不可能发生；而只是意味着，如果习惯于600英镑收入的A，曾经习惯于2,000英镑的收入，那么他的储蓄行为和事实上习惯于2,000英镑的B的行为一样，反之亦然。①

---

① 一旦考虑个人收入的变化对储蓄量的影响，我们就应该进一步注意到如果只有A的收入变化，比如说减半或翻番，那么其影响很可能不同于他和他的朋友及邻居的收入都发生变化所产生的影响。但是，在比较收入已定的不同人时，不会产生这类问题。

第八节

在这些条件下，我们可以展开论述与储蓄占收入比例有关的显而易见的各种因素。第一个因素就是人们的实际收入规模。显然，不管货币收入多、价格水平高还是货币收入少、相应的价格水平低，对该比例都没有影响。重要的事情不是货币收入而是实际收入。然而，由于我们所关心的是比较同样环境下不同人的储蓄策略，故而对所有人来说，价格水平相同，并且可以把这看作是给定的事实。因此，对我们的问题来说，由于货币收入和实际收入的关系固定，所以个体货币收入之间的差别可以表示实际收入之间的差别。于是，我们可以认为它们之间没有差别。当然，如果我们比较不同时期价格水平不同的人们，那么情况将不会如此。第二个因素就是利率。因为根据我们的假设，预期价格不变，所以实际利率和名义利率之间不存在差别，这里的利率就是在给定期限和风险的条件下，贷款市场的主要利率。根据我们的研究目的，可以用投资于国债的货币所产生的收益率表示不同期限、不同风险程度的各种贷款的主要的复杂利率。为了研究我们的问题，我们认为利率是不变的，并且由决定一般均衡的条件确定，同时与具体某个人的储蓄策略无关。第三个因素就是贴现率。也就是在这里所假设的稳定条件下，我们或者我们比较的所有人，根据每个人各自的收入水平、对未来的满意度等因素贴现未来的收入时所采用的利率。有时更简单地称之为时间偏好率。对任何人说，当然，关于给定的收入，可能对于不同的时间长度，相应期限的贴现率也不同。例如，延缓一年的贴现率为年均5%；而如果延缓二年，那么折现率为年均6%；等等。对于类型已知的任何不规则的贴现率，可以通过非常复杂的代数分析决定。然而，为了简便，通常假设给定收入的条件下，对于所有不同的时间长度，各个时期的年均时间偏好率都相同。人们收入不同，该贴现率很可能也不同。我们很快会考虑该贴现率实际上是否相同的问题。第四个因素就是边际效用表。该表显示了我们构造的一个代表性的人把他已经习惯的不同收入用于消费的边际效用情况；如果我们愿意，我们可以称之为他的消费边际效用曲线，或者，为了行文简便和容易称呼，称之为他的消费效用曲线。第五个因素就是诸如以影响力、安全感的形式体现的直接的舒适性效用的现值。即便有这样的现值，也是我们构造的一个代表性的人期望从目前储蓄的边际单位得到的，这明显不同于他期望的由将来收入中的这样一个单位所产生的效用。对于不同水平的可利用收入，根据用于消费的收入带来的边际补偿所确定的储蓄量，将等于用于储蓄的收入。因此，这就确定了多少收入和多大比例的收入用于储蓄。

第九节

然而，只有我们在明确假设我们所研究的人将来的打算后，才能确定这些因素。因此，如果某个人打算把其储蓄投资 n 年，每年都把其收益用于消费，n 年后，提取本金并进行消费，那么今年他希望用于储蓄的收入比例将根据 n 取值的小、大或无穷而不同。随后我将假设这样确定的储蓄通常都不变。即便如此，还可能有许多其他的假设。对任何合理的假设来说，多数关于收入规模和储蓄量之间的基本关系的意义相同。显然，除了储蓄为零这种特殊情形外，[①]这种关系的确切表达式随假设不同而不同；因此，为了明确地进行讨论，我们必须把注意力集中于某种确切的情况。一种容易讨论的特殊假设就是我们所讨论的人永远不会提取他们储蓄的本金用于消费，并且在将来消费掉他们所有的收入。然而，与我们通常认为每个人的期望行为不同，除了储蓄以外，他将来获得的收入和他现在的收入相同，他想把他目前的部分收入而不是将来的部分收入用于储蓄。因此，一个更加令人满意的假设就是，一个人今年或者某个短期内把这些收入进行储蓄，目的就是把他现在的储蓄作为本金永久存储，并且其明年储蓄占收入的比例和今年储蓄占收入的比例相同。我将采纳钱伯瑙恩先生向我建议的这个假设。[②] 仅在确定某个人不进行储蓄的条件时，根据这个假设和根据前边不同的假设得到的结果是相同的。然而，一般情况下，不会有这样的结果。

第十节

如果我们从阐述在怎样的条件下不进行储蓄或不动用储蓄（不进行负储蓄）符合一个人的利益开始，那么这将有助于清楚地

---

① 参见第十一节注释的最后一段。

② 在一篇未发表的论文中，钱伯瑙恩先生证明这个假设不是一个任意的假设，而是在一般情况下，某个预期以后从其工作中获得不变收入的人，通过以他的时间偏好率把将来的满意程度贴现而确定的计划消费。

进行随后的讨论。这些条件是什么？首先，让我们忽略拥有储蓄所带来的所谓舒适性价值（这种价值不同于从储蓄中获得收入），也就是说，我们认为这种舒适性价值为零。在这种情况下（当然，也是在第六节给出的条件下），如果我们所研究的人的时间偏好率恰好等于利率，那么他既不进行储蓄也不动用储蓄。这是一个众所周知的议题。对此观点不清楚的读者可以参阅弗兰克·拉姆齐(Frank Ramsey)1928年12月发表在《经济学杂志》上的文章“储蓄的数学理论”。其次，我们要考虑到某些储蓄可能会给我们所讨论的人带来舒适性效用的事实。显然，这种情况会诱使他进行储蓄。因此，如果他的时间偏好率等于利率，那么他将进行储蓄。为了使他不进行储蓄，他的时间偏好率超过利率必须足够大，以补偿他的储蓄的边际单位的舒适性价值。我们也可以把这种情况表示为，只要我们所研究的人的时间偏好率减去一个特定的修正因子后等于利率，那么他将既不进行储蓄，也不动用储蓄。但是，这不是此人不进行储蓄和不动用储蓄的唯一条件。如果他的消费效用曲线有关部分绝对或者几乎绝对没有弹性，那么他也会这样做，这种情况意味着他实际上非常贫困。因此，这里有两个条件，只要满足其中一个，该人就不会进行储蓄。如果我们用 r 表示利率，用 q_x 表示某人在收入为 x 时的时间偏好率，用 v_x 表示该人的修正因子，用 η_x 表示该人在消费为 x 时其消费效用曲线的弹性（定义为正值），那么只要有 $(r+v_x-q_x)=0$ 或者有非常近似相等的等式 $\eta_x=0$，[①]

① 条件“非常近似”的原因就是忽略第二项，得到下一节最后给出的公式，这显然可根据下一节的脚注得出。如果不忽略掉这些，$\frac{a}{x}$ 将不等于 η_x 的倍数，而是等于 η_x 加上或减去某个非常小的量的倍数。

他就不储蓄。

第十一节

现在，让我们转入讨论 η_x 为相当大的正数且 $(r+v_x-q_x)$ 不是零的条件。我们用 a 表示我们所讨论的人把收入用于储蓄的数量，用 $\frac{a}{x}$ 表示储蓄占收入的比例。我们能否建立一个公式，该公式的一边为比例 $\frac{a}{x}$，另一边为关于消费 $(x-a)$ 的利率、时间偏好率、修正因子和消费效用曲线的弹性等因素，它可以告诉我们它们之间的关系？恐怕我认为仅凭常识不能得到这样的公式。根据上一段的论述，我们可能推测方程的一边有 $(r+v_{x-a}-q_{x-a})$，而另一边为与该人储蓄有关的项。但是，至于另一边是否为 a、$\frac{a}{x}$ 或者与 a 有关的更复杂的表达式，常识没有提供任何提示。然而，正如脚注所证明的那样，[①]在第九节末所建立的假设的基础上，只要

---

① 我们用 x 表示收入；用 a 表示储蓄；用 q_{x-a} 表示当我们所研究的人在收入为 x、消费为 $(x-a)$ 时的时间偏好率；用 $\phi(x-a)$ 表示消费 $(x-a)$ 的边际效用；用 η_{x-a} 表示消费效用函数对消费 $(x-a)$ 的弹性；用 r 表示利率，并且从个人的角度来看，利率是给定的；用 $U_{S,(x-a)}$ 表示从持有收入 x 的一边际单位一年而不进行消费所得到的舒适性效用。在这个最后的表达式中，S 表示我们所研究的人持有的累积资本，选择用 $U_{S,(x-a)}$ 的形式就表示其值部分取决于 S，部分取决于 $(x-a)$。

在第九节设定的假设下，均衡要求当 $U_{S,(x-a)}$ 为零时，该年支出的最后一英镑的效用，将等丁当把这一英镑进行投资，第二年变成 $(1+r)$ 英镑，然后以我们所研究的人的时间偏好率进行贴现时所带来的效用。也就是说，它等于 $(1+r)$ 乘以下一年支出边际一英镑的贴现值。当 $U_{S,(x-a)}$ 不为零时，它等于前边的值加上 $\frac{U_{S,(x-a)}}{1+q_{x-a}}$。因

相对于 x 来说 a 很小，通过数学分析，就可以得到下面的近似公式：

$$\frac{a}{x}=\frac{\eta_{x-a}}{r}\cdot(r+v_{x-a}-q_{x-a})\ 。$$

此，我们有方程

$$\phi(x-a)=\phi\left\{(x+ra)\left(1-\frac{a}{x}\right)\right\}\frac{1+r}{1+q_{x-a}}+\frac{U_{S,(x-a)}}{1+q_{x-a}}\ ,\cdots\cdots(\mathrm{I})$$

也就是

$$\phi(x-a)=\phi\left\{(x-a)\left(1+\frac{ra}{x}\right)\right\}\frac{1+r}{1+q_{x-a}}+\frac{U_{S,(x-a)}}{1+q_{x-a}}\ 。\cdots\cdots(\mathrm{II})$$

只要相对于 x 来说，a 足够小，那么就可以忽略 a 的二阶和高阶幂，根据方程（Ⅱ）得到：

$$\frac{a}{x}=\frac{\eta_{x-a}}{r(1+r)}\cdot\left\{r-q_{x-a}+\frac{U_{S,(x-a)}}{\phi(x-a)}\right\}\ ,\cdots\cdots(\mathrm{III})$$

其中和马歇尔的使用方法相同，η_x 为 $-\frac{\phi}{x\phi'}$ 而不是 $\frac{\phi}{x\phi'}$。如果我们用 v_{x-a} 表示 $\frac{U_{S,(x-a)}}{\phi(x-a)}$，那么这个方程可以变为

$$\frac{a}{x}=\frac{\eta_{x-a}}{r(1+r)}\cdot(r+v_{x-a}-q_{x-a})\ 。$$

当把期限间隔取得非常小，以致相对于单位一，r 实际上非常小，则这个方程就近似文中给出的方程，也就是

$$\frac{a}{x}=\frac{\eta_{x-a}}{r}\cdot(r+v_{x-a}-q_{x-a})\ 。\cdots\cdots(\mathrm{IV})$$

根据方程Ⅳ，只要 $r+v_{x-a}-q_{x-a}=0$（当 $v_{x-a}=0$ 时，相当于 $r-q_{x-a}=0$），可得 $a=0$。我们很容易发现这个条件和根据第九节提出的另一个假设得到的条件相同，但是在第九节中没有推导，也就是我们所研究的人期望在未来几年中投资同样的绝对数量，而在本例中，他现在不进行投资。于是，收入消费的边际效用必须等于从现在投资的边际一英镑将来产生的边际效用的贴现值加上从持有投资的一英镑得到的所有将来的边际效用的贴现值两者之和。也就是说，$\phi(x)=\frac{r}{q_x}\cdot\phi(x)+\frac{U_{S,x}}{q_x}$；当然，这个式子可以变为

$$r-q_x+\frac{U_{S,x}}{\phi(x)}=0\ ，\text{或者}\ r+v_x-q_x=0\ 。$$

第十二节

根据上面的公式，$\frac{a}{x}$ 似乎可以为正值，也可以为负值。显然，η_{x-a} 不能为负值，其中 η 按照马歇尔的方式进行定义。因此，根据 $(r+v_{x-a}-q_{x-a})$ 为正值或负值，$\frac{a}{x}$ 取正值或取负值。为了不混淆论证，我将把注意力集中于随后分析讨论 $(r+v_{x-a}-q_{x-a})$ 为正值的情形，因此，仅仅可能存在进行储蓄而非动用储蓄的情况。为了研究我们的问题，我们令 r 为给定，因此，只要零储蓄（或者动用储蓄）的两个条件都不成立，那么就有 $\frac{a}{x}$ 越大，η_{x-a} 就越大，并且 $(v_{x-a}-q_{x-a})$ 就越大。接着在 η_{x-a} 和 $(v_{x-a}-q_{x-a})$ 都随 x 增长的任何范围内，更高的收入与更低的收入相比，前者储蓄占收入的比例也越大；并且，反之亦成立。在 η_{x-a} 和 $(v_{x-a}-q_{x-a})$ 随 x 的增长而呈现相反变化的范围内，除非在整个有关的范围内知道 η、v、q 这几个量的值，否则我们不可能知道储蓄占收入的比例与收入大小之间的关系如何。显然，下一阶段就是要多少弄清楚一点关于这些量和收入大小之间的关系。

第十三节

我们首先考虑消费效用曲线不同部分的弹性，或者，更一般地说，该曲线的形状。如果我们的图表、曲线和函数都是针对某个已经习惯于某一收入水平的人的，那么毫无疑问，对他来说，更多的收入与更少的收入相比，前者的边际效用更低。对我们的实际问题来说，如果假设每个人都习惯于其实际收入，那么结论如何尚不清楚。在这种情况下，边际效用不会随着消费增加而快速下降。然而，在相当大的范围内，该曲线肯定是一条下降曲线。除此之外，关于该曲线的形状，我们还能得到什么结论？仅凭判断力和不精确的经验，我们注意到不管习惯于消费多还是习惯于消费少，人们的某些紧急的需求也许非常相似。这表明早期曲线的左端可能非常特殊，没有弹性，并且经过消费很少很少的阶段，它们将变得日益富有弹性。也就是说，对于低于某个适当的最大值的 $(x-a)$ 来说，弹性可能随消费的增加而增加。并且，在某个更高的水平上，弹性可能接近常数。①

第十四节

乍一看，这个问题似乎不可能有深入的结论。然而，我们必须不满足于第一印象。现实中的人们千差万别，他们各自习惯于完全不同的实际收入。因此，我们可以得到大量关于这些实际收入的数据，这样就能很容易地修正从这些数据中得到的那些先验看法，进而得到一些深入的、更准确的结果。实际上，这里还有一个难题。我们要求的是关于消费效用曲线形状的信息，而得到的是

① 当然，我们不考虑消费低于维持生存最低水平的情况，这是因为根据定义，具有这样收入的人不能生存。

收入数据。但是，我们很容易发现和一般情形一样，储蓄占收入的比例较小（即相对于 x 来说 a 较小），关于消费 $(x-a)$ 的消费效用曲线的弹性与关于收入 x 的收入效用曲线的弹性仅存在非常小的差别。[①] 因此，在这个范围内，如果能够说明收入效用曲线的弹性随着收入的增长而快速增长，那么我们就能够推断出消费效用曲线的弹性随着消费的增长而快速增长。

第十五节

但是，拉格纳·弗里希（Ragnar Frisch）教授提出了一种在收入较小时度量收入效用曲线弹性的方法，就是把那些根据家庭预算调查得到的资料进行数据处理。就他所研究的那些资料来说，收入效用曲线的弹性的确事实上随着实际收入的增长而快速增长。概括地说，在最低收入的家庭和高至三倍收入的家庭之间，他发现弹性本身也要乘以三倍。[②] 于是，我们推测就这个收入范围来说，消费效用曲线的弹性也随着消费的增长而变大。弗里希教授的数据没有涉及更高范围的收入，因此，这里进行的推广不一定成立。然而，在缺少其他证据的情况下，我认为弗里希教授的工作提出了一个假设（稍微的推广似乎是合理的），即 x 越大，消费效用

---

① 如果用 η_1 表示收入效用曲线对收入 x 的弹性，并且用 η_2 表示消费 $(x-a)$ 的消费效用曲线的弹性，其中收入 x 用于储蓄的量为 a，那么我们得到

$$\eta_2=\eta_1\cdot\frac{\mathrm{d}(x-a)}{(x-a)}\cdot\frac{x}{\mathrm{d}x}。$$

② 更确切地说，收入增长 2.7 倍时，弹性增长 2.3 倍（《测度边际效用的新方法》，第 64 页）。

曲线的弹性实际上越大，直到收入达到某个适当的水平，比如对英国来说，年收入从500英镑达到1,000英镑。对高收入来说，消费效用曲线的弹性可能不再随x增加而增大。虽然没有任何证据表明它将减少，但是我们也不能保证它不会如此。

第十六节

下面转入讨论q_{x-a}部分，即某个习惯于消费$(x-a)$的人的时间偏好率。我想我们可以认为在任何情况下q_{x-a}都不会为负。我发现没有理由相信一个享有并且习惯某个给定消费水平的人将比一个类似的享有并且习惯某个较低消费水平的人有更高的时间偏好率。对于两个不同消费水平的人来说，他们的消费水平都非常高，我同样没有理由相信消费水平更高的人比另一个具有更低的时间偏好率。但是，对于消费水平非常低的人来说，情况就不同了。对于消费水平非常低的人来说，当前需求的压力如此紧迫使其往往看不到未来。在其他领域，这是显然的。因此，对于一个牙疼轻微的人，将会理性地评定立刻拔掉它所带来的好处与不拔掉它随后将导致的坏处孰多孰少。但是，一个牙疼严重的人将把他的注意力集中于当前的疼痛，以致他会同意立刻拔牙而一点也不会考虑将来的影响。虽然我认为这一类原因使得对于与相当大的消费相比非常小的消费来说，q_{x-a}肯定非常大，但是，在消费（和收入）大于某个相当大的消费水平之后，q_{x-a}可能几乎等于某个常数。

第十七节

剩余的部分就是讨论 v_{x-a}，我把它称为修正因子。在第十一节的脚注中，v_{x-a} 被定义为等于 $\frac{U_{S,(x-a)}}{\phi(x-a)}$，其中 $\phi(x-a)$ 是消费 $(x-a)$ 的边际效用。正如该脚注所指出的那样，由于 $U_{S,(x-a)}$ 的大小取决于两个因素，即（i）人们的消费水平 $(x-a)$ 以及(ii)他已经积累的存量 S 的大小，因此收入较低的人与收入较高的人相比，一英镑带来的以安全感表现的舒适性，肯定前者更大。同样，当把一英镑的新储蓄增加到较小的存量与增加到较大的存量相比，肯定给前者带来的舒适性更多。并且，还有一个一般的假设：其他情况都相同，一个人的收入越多，他可能拥有的资本存量也越多(部分是原因并且部分是结果)。用一种粗略的一般方法，可得对于较低消费的人来说，$U_{S,(x-a)}$ 可能最大，并且随着消费的增长大概以连续的下降比率逐渐地变小。然而，正如我们已经看到的那样，修正因子 v_{x-a} 不等于 $U_{S,(x-a)}$，而是等于 $\frac{U_{S,(x-a)}}{\phi(x-a)}$；并且，随 x 增长，分母 $\phi(x-a)$ 几乎肯定下降。因此，$(x-a)$ 值越大，并不必然导致 v_{x-a} 值越小。实际上，对于给定的 $(x-a)$ 的变化，我们没有办法知道 v_{x-a} 的大小到底如何变化。

第十八节

现在，到了我们该把抽象分析得到的那些结果与前几节得到的那些事实判断进行总结的时候了。我们从修正因子为零或可以忽略这个假设开始。于是,我们有下列结果。首先,对于非常小的可获得收入来说,储蓄比例为零,或者在所有情况下都非常小。对于非常小的收入来说,收入效用曲线完全没有弹性,根据这个事实,可以得到上述结论。其次,随着收入从没有储蓄的低水平上升到较高的水平,我们发现:(i)可能达到了一个消费效用曲线更具有弹性的部分;(ii)时间偏好率可能下降。这两种情况的每一种都意味着,在其他情况都相同的条件下,高收入与低收入相比,储蓄占收入的比例更高。由于收入的增长带来这两个结果,由此导致,在收入的这个范围内,更高的收入与更低的收入相比,按比例用于储蓄的数量几乎肯定更多。对于较高和非常高的收入范围来说,结果不是很清楚。随着收入的增加,时间偏好率很可能保持不变,尽管我们都知道,消费效用曲线相关部分的弹性可能下降。因此,储蓄占收入的比例有可能会降低。然而,表面上看,用于储蓄的绝对量除了继续增长之外似乎不可能有其他情况。

第十九节

考虑到不可能出现修正因子为零和可忽略的情况,怎样修改这些结论?考虑到第十七节的分析结果,对我来说,似乎正确的答案就是这些结论没有被推翻但也没有把握都成立。虽然根据我们可获得的数据,这些结论很可能还成立,但是,由于我们知道有其他一些无法估算的数据可能与我们的结论相反,因此,我们只能认为这些结论暂时成立。显然,高收入的人与低收入的人相比,将收入用于储蓄的绝对量更大的命题，与将收入用于储蓄的比例更大的命题相比，前者成立的把握更大。

第二十节

我们还要增加另一个观点。前面的整个分析都是基于这样的假设：我们所比较的行为人除了获得储蓄的利息之外，还预期将来的收入和他们现在的收入一样。因此，我们研究的就是在这个条件的限制下，不同的行为人可能采取的不同的储蓄策略。当然，实际上，没有人预期将来的收入（或者负担）和他们现在的收入相同。不过，如果把我们的对比限定于两类或更多类人，并且预期在每一类人中该类成员或者以同样的方式违背了这个假设，或者如果他们以不同的方式违背了这个假设，但支持我们的结论，那么就可以把我们的结果以一定的合理概率推广到现实生活中。因此，作为一般的规则，如果贫穷的人预期将来的收入更少而富裕的人预期将来的收入更多，那么根据我们的分析，就实际生活中富人和穷人可能采取的储蓄策略不能得到可信的结论。然而，实际上，有理由相信贫穷的人比富裕的人更期望收入增长，特别是如果把我们的观点推广到不止考虑一个人的一生并且考虑到逐渐提高的遗产税的长期影响。这个理由使得在实际生活中比在我们的分析所假设的简化条件下，认为富人比穷人储蓄比例更高成立的理由更充分。

第二十一节

让我们转入根据美国的统计数据研究得到的结论，这些研究都是以第四节提到的 1935—1936 年的数据为基础的。基本分析如下。用 x 表示收入、用 a 表示储蓄，所研究的问题就是对于各种收入水平，确定 $\frac{\mathrm{d}}{\mathrm{d}x}\left(\frac{a}{x}\right)$ 的值。用 E 表示通常所称的储蓄对于收入的弹性，也就是 $\frac{\mathrm{d}a}{a}\div\frac{\mathrm{d}x}{x}$ 。容易证明 $\frac{\mathrm{d}}{\mathrm{d}x}\left(\frac{a}{x}\right)=\frac{a}{x^2}(E-1)$ 。因此，根据 E 是否大于 1，$\frac{\mathrm{d}}{\mathrm{d}x}\left(\frac{a}{x}\right)$ 为正或为负，并且该值越大（为正），E 也越大。

在 1938 年 11 月的《经济学季刊》杂志中，吉尔博伊（Gilboy）女士研究了美国多组人群的 E 值。[①] 她研究的一般结论表明，和我们应该预期的一样，收入和储蓄之间的关系“因收入的水平、地区、职业和城市化程度”而不同。[②] 但是，就主要的数据来说，她发现在所研究的五个地区中，收入低于2,000美元或者2,500美元，E 从 3 变到 9。对于达到大约10,000美元的更高的收入来说（这是对有足够数据来说的极限情形），E 稍低，对所有五个地区来说，下降到接近 2。[③] 这意味着到10,000美元为止，储蓄占收入的比例随着收入的增长而增长；但是，一般说来，较高收入与较低收入相比，前者的比例增长率较低。

---

① 不幸的是，吉尔博伊女士把她的文章归入批评凯恩斯的那一类论文中。她认为，凯恩斯支持 $\frac{\mathrm{d}}{\mathrm{d}x}\left(\frac{a}{x}\right)$ 总为正的命题，并把这作为一般的心理学定律。事实上，凯恩斯支持的命题是 $\frac{\mathrm{d}}{\mathrm{d}x}(a)$ 总为正。

② 见该杂志第 138 页。

③ 见该杂志第 137 页。

在 1939 年 9 月的《美国经济评论》上有一篇题为“美国城市家庭收入和储蓄之间的关系”的文章，该文作者门登肖森（Mendershausen）先生得到的收入低于10,000美元的结果，证实了前面的结论。但他还进一步指出了吉尔博伊没有阐述的情况[①]——吉尔博伊女士和我都有意没有考虑负储蓄的问题。他证明在非常低的收入水平上普通家庭不仅没有储蓄而且会有赤字，并且就既没有储蓄也没有赤字的“收支平衡点”来说，不同城市各不相同——在纽约，收入为2,290美元；在俄亥俄州的哥伦比亚，收入为1,310美元。[②]

虽然对于收入超过10,000美元的情况，这两个人可利用的统计数据都不足以得出任何清晰的结论，但是在收入的一定范围内，他们的研究得到了 E 随着收入的增长而下降的一般趋势；这表明对于非常大的收入来说，E 还可能降到 1，甚至低于 1。也就是说，随着收入的增长，储蓄占收入的比例不再增长，而是相反，正如第十八节的推理所指出的那样，甚至可能降低。然而，最好再重复一次，储蓄占收入的比例随着收入的增长而降低并不意味着收入用于储蓄的绝对量会减少。[③]

---

① *Quarterly Journal of Economics*, Nov, 1938, p. 135.

② 引文在第 526 页。

③ 因为，为了使 $\frac{d}{dx}(a)$ 可以为负，不仅仅是 $\frac{d}{dx}\left(\frac{a}{x}\right)$，$\left\{\frac{d}{dx}\left(\frac{a}{x}\right)+\frac{a}{x^2}\right\}$ 也必须为负。

第九章　长期流动均衡的特殊情形

第一节

下面我们转入主要论述过程。对于一个经济系统来说，处于长期流动均衡和处于稳定状态是一回事。当然，这里排除了新发明和各种技术的引入以及人们改变了对未来的看法等因素。短期流动均衡所要求的所有条件必须满足，并且用于投资的劳动力供给量除了要等于需求量外，还必须等于零。乍一看，我们可能会认为，由于处于短期流动均衡的系统早已确定，所以引入这个新条件肯定会导致过度确定问题。但是情况并非如此。在第二编第三章的公式中，我们能够用 $\phi(r)$ 表示投资的劳动需求函数，并且用 $F(x)$ 表示由 x 单位劳动生产的消费品产出。但是，因为我们提及了那些特定的时间，在该时间点给定了存在的累积资本设备的存量，所以，要引入这个条件。从更一般的观点来说，如果不把这个存量看作是给定的，那么这些函数就由函数 $\phi(r,S)$ 和 $F(x,S)$ 代替，其中 S 为存量。从我们现在的观点来看，S 是另外添加的一个未知量，也承认增加了一个方程。因此，对长期流动均衡来说，

三个方程构成的重要方程组

$$\phi(r,S)=f\{r,F(x,S)\},$$

$$y=f\{r,F(x,S)\},$$

$$y=0,$$

代替了我们发现使得短期流动均衡成立而由两个方程构成的重要方程组

$$\phi(r,S)=f\{r,F(x)\},$$

$$y=f\{r,F(x)\},$$

如果加上两个其他的方程，那么我们就有五个方程和五个未知量；并且，一般来说，可以确定该系统。如果稳定状态（即长期流动均衡）确实存在，那么它必须满足这些条件。

第二节

此外，货币工资率必须满足第四个方程——只要该方程满足银行实行的政策，不管该方程的形式如何（对应于第二编第三章的第三个方程）。如果我们接受第六章阐述的稳定状态下的“古典观点”，由于这里不会产生歧义，那么“完全”就业肯定成立；这意味着第五个方程，也就是最后一个方程的形式必须为 $(x+y)=Q$（常数）。当然，这说明如果给定可从事工作的劳动力数量，那么只存在一个总就业量，也就是 Q，使得稳定条件能够成立，或者在第六章第四节所研究的更符合实际的条件下，总就业量也可能与这个量有一个不变的差额——尽管如此，这里还称为“完全”就业。

第三节

我们并不能断定当给定生产力条件，也就是给定函数 F 的形式(就我们当前的目的来说，这样设定是合适的)时，只可能存在一种充分就业的稳定状态。我们很容易发现相关的方程简化为两个方程，也就是

(1) $\phi(r, S)=f(r)$ ，

(2) $f(r)=0$。

这两个方程足以确定两个未知量 r 和 S 。因此，除了添加的限制条件(比如，r 不能为负)以外，就充分就业的稳定状态来说，肯定存在 r 和 S 的某个组合值。但是不可能仅有一组这样的组合值——只有一对 r 和 S 的值。先验地，如果我们对 ϕ 和 f 的形式一无所知，那么，当然可能有无限多的解。实际上，我们有理由相信 $\frac{\partial \phi}{\partial S}$ 和 $\frac{\partial \phi}{\partial r}$ 为负，而 $\frac{\partial f}{\partial r}$ 可能为正。这表明有两个解：一个解是 S 很小，r 很大；另一个解是 S 很大，r 很小。因此，(i)当 S(也就是代表性行为人的实际收入)足够小时，即使他进行投资得到的实际利率非常高，他也不会进行储蓄(或投资)；并且(ii)当进行投资得到的实际利率非常低(资本大量积累的结果)时，尽管他的实际收入非常高，他也不会进行储蓄(或投资)。前一种情形，我们有一种低水平的稳定状态；后一种情形，我们有一种高水平的稳定状态。这两种情形都是充分就业状态。

第四节

假设变量 r 和 S 可以取任意值，不管该值为正还是为负，都不可能有其他结果。然而，实际上，外部条件限制了可能取值的范围。因此，显然，对于一个封闭的经济体来说，它不能从外部借到资本债务，S 不可能为负。同样，正如我们马上要展示给大家的一样，变量 r 的取值有一个最低下限。显然，可能证明这些限制条件与前面建立的两个方程不相容，或者对某些根，这两个方程成立，而排除了可能满足这两个方程的其他根。因此，初看起来，根据所列举的这些资料，任何充分就业的稳定状态都不一定会实现，甚至原则上也不一定实现。

第五节

然而，根据上一章提出的各种原因，我们十分清楚，如果由于代表性行为人的 S 非常低而使他的实际收入低于某个限定的正数，那么不管提供的利率多高，他都不会储蓄。① 换句话说，低水平的充分就业稳定状态的存在肯定是可能的。因此，我们怀疑的仅仅是高水平充分就业稳定状态是否存在。直到最近，一般观点认为，对于一个封闭经济来说，如果没有新发明和技术改进并且人

① 我们关于资本品的不可毁灭等假设，使得代表性行为人进行负储蓄成为可能。

口规模固定不变，那么这样一个高水平充分就业稳定状态不仅可能存在，而且是整个经济活动演变的必然结果。随着更多资本的逐年积累，能够赢利的投资项目逐渐完成，投资的边际效率和利率降低到非常低的水平，在该利率水平上，代表性行为人[①]不会有进行储蓄的动力，从而，必定会达到长期流动均衡。正如我们已经说明的那样，只要不存在需求者提供的利率不能降低到某个下限之下的约束条件，这个结论就成立。然而，如果这个利率存在下限，那么该问题的结论如何还不清楚；并且，实际上，容易证明利率存在下限。

第六节

下面开始证明的第一步。在可以流动的情况下，当人们预期将来不同事物的相对价值不同于它们现在的相对价值时，不管贷出资金的期限如何，利率将根据资金投资商品的不同而不同。假设用椅子表示的净利率为 5%，如果现在用 100 英镑购买 100 把椅子并且预期一年后 100 英镑能购买 85 把椅子，那么用货币表示的净年利率大约为 23%。然而，在任何短期流动均衡的状态下，[②]

① 我们把代表性行为人定义为这样一个人：如果把所有社会成员用一个人表示，其行为表现和他的实际行为一致。当然，如果他一点储蓄也没有，那么这并不意味着每个人一点储蓄也没有。于是，某些人可能会进行储蓄，比如为了他们的晚年；但是，如果这种情况属实，那么其他人，比如那些已经达到老龄的人们，肯定会动用同样数量的储蓄用于消费。

② 参见第二编第一章第七节。

并且更何况预期在稳定状态下，相对价值不变。因此，不管贷款用什么商品表示，对于任何指定期限的贷款，利率肯定都相同。由此可得，如果不管用什么商品表示的利率不能低于某个最小值，那么对于其他商品来说，这个最小值也同样成立。

第七节

清楚了这些结论，我们进入第二步。给定产业技术状态，在资本积累达到充分高的程度后，除了很高的负回报外，很可能不存在其他能带来回报的投资机会。然而，这并不意味着实际上资本积累能够进行到资本的边际效率和提供的利率达到很大负数的程度。原因就是在此环境下，掌握资源从而能够进行投资的需求者把需求表现为货币，而不会用于雇用工人、生产产品而产生亏损。他们这样做的原因何在？因为对他们来说，他们几乎可以没有成本地持有货币——现代货币。这意味着在稍低于零利率时，他们将停止进行投资——这里投资的意义是增加实物资本。提供给他们用于投资的任何资源以自己持有货币的形式持有，将给他们带来更好的回报。因此，在任何均衡情况下，资本的边际效率和需求者提供的利率显然不会低于零。

第八节

有时有人认为这是一件轻描淡写的事情，并且在均衡时那个最低水平的利率，比零大很多。因此，凯恩斯认为“把借款者和放款者拉到一起的费用以及对将来的利率的不确定性确定了一个下限，在目前的情况下，长期利率可能高达2%或2.5%”[①]。在我看来，这些数字对于稳定状态来说太高了——这里的稳定状态不同于“目前的情况”。预计的情况并不是在此情形下期望的投资处于较低的水平并且预期立刻就会提高。这里不存在提高的期望，因此，面临这样明确的未来，人们没有持有流动性资源的动力。这里也不存在将来利率的不确定性。此外，我认为凯恩斯没有注意到真正重要的并不是把借款者和放款者拉到一起的费用的平均值，而是边际值，并且也没有注意到许多人都投资于他们自己的企业，此时这些费用为零。我并不认为就我所研究的问题来说，由于资本积累而保持不变且不会进一步下降的利率会比零高很多。

第九节

在这些情形下，如果我们假设自己处于刚摆脱低水平充分就业稳定状态的情况，并且进行一些投资，那么不管积累的资本存量是多少，只要有一个正的利率，在该利率下不会供应新的投资，经济系统就将平滑地向高水平充分就业稳定状态运行。这是因为，如果上述情况属实，那么随着资本逐渐积累，不存在新投资时的利率必然与没有新投资供给时的利率相同。然而，当资本积累进行

① *General Theory*, p. 219.

到一定程度时，没有新投资供给的利率可能为负，考虑到新投资的需求价格低于供给价格，因此，不存在资本积累。在这些条件下，将永远不会达到高水平充分就业稳定状态的均衡。

第十节

现在，如果人们进行储蓄的目的只是因为他们的储蓄将带来利息，那么提供的投资将为零。这是由于对于低水平充分就业稳定状态来说，不管利率多高，由于贫穷，人们一点储蓄也没有；不仅如此，对于任何给定的资本积累状态，当利率等于代表性行为人的时间偏好率①，也就是说，用上一章的语言表示，利率等于 q 时，人们打算进行新投资的流量恰好等于零。然而，正如我们在上一章中得到的结果，不管一个人多么富裕，他都肯定会把未来收入贴现为某个数，他必定总会估计未来合意的收入——这是一件不同的事情——低于目前同样的收入。因此，在各种情况下，代表性行为人的时间偏好率 q 都为正。由此可得，除了外部扰动影响外，最终肯定会出现充分就业稳定状态的均衡情形。②

① 适当的时间偏好率就是把将来的收入贴现的比率。但是，既然在稳定状态下，代表性行为人的收入不管是用商品表示还是用货币表示，都预期和它现在的值相同，那么适当的时间偏好率——该比率不管用商品表示，还是用货币表示——必然总是相等，因此，没有必要区分它们。

② 在通向这个阶段的过程中，由于随着资本设备的积累，产出将扩张（除非货币收入伴随产出相应地扩张），因此价格将下降，并且这种下降会被预期到。于是，尽管货币利率和实际利率都将下降，但是在整个过程中，前者将比后者更低。

第十一节

然而，在实际生活中，人们愿意增加积累，不仅是因为它们将产生回报带来收入，而且也为了拥有积累财富所带来的诸如支配权、安全感等意义上的舒适性。在这些条件下，如果他们不准备进行的投资，即新投资的流量恰好等于零，那么这时的利率不等于代表性行为人的时间偏好率，而是考虑到舒适性后，等于该人的时间偏好率减去某个量后的修正值。也就是说，用上一章的符号表示就是 $(q-v)$ ，其中 v 为正数。于是，如果 v 非常大，那么对于所有可能的资本积累来说，使提供的新投资恰好等于零的利率也可能为负。也就是说，可能不存在对一单位新投资的需求价格保持在低至供给价格的资本积累水平，即在该资本积累水平上，系统能够自行达到高水平充分就业稳定状态的均衡。

第十二节

于是，我们能够证明某个高水平充分就业稳定状态均衡总可能存在的唯一方法，可能就是最终证明 $(q-v)$ 不可能为负。我们能够证明这个结论吗？为了回答这个问题，假设处于利率降到零的阶段，不需要新的投资，但是，由于 $(q-v)$ 为负值，所以代表性行为人仍然愿意进行储蓄。他将通过购买现有的耐用消费品竭力满足自己的愿望。由于这些耐用品的数量不会增加，那些拥有这样物品的人将不停地搜寻，而那些没有这样物品的人将不断地提出越来越高的价格，其价格用消费品表示。因此，土地和类似财产的价值，尤其是货币的价值，将不断地上涨。货币是一种特别便于进行价值贮藏的物品。这个上涨过程可以用不同的词语描述，有时人们对于这个过程也会发生争执。一种提出这个问题的方式是说人们不愿意在消费品上花掉所有的货币收入，并且找不到愿意把货币余额都花在投资上的人，从而被迫不停地拿出总存量中的部分货币，将其变成不“活跃的”并且和收入有关的部分，也就是说，把存量中部分活跃货币囤积起来。[①] 除非通过补偿性公共贷款的特别国家政策停止这个过程，否则这个过程会导致货币收入总量（或者，如果我们更愿意称之为总货币需求）的连续性缩减。到目前为止，没有采取任何办法防止 $(q-v)$ 为负值。然而，如果按照“古典观点”，通过适当地连续调整货币工资率，仍能保持充分就业状态，那么就会出现一些问题。使用上一章的符号，v 是 $\frac{U_{S,x}}{\phi(x)}$ 的简略表达式，其中 $U_{S,x}$ 是拥有一边际单位投资的舒适性效用、$\phi(x)$ 是用于消费的实际收入的边际单位效用。由于货币收入正在不停地缩减，因此价格下降，用消费品表示的现有货币存量——以及类似土地和其他财富的存量，例如18世纪前欧洲大画家的画，它们特别适合用作储蓄的化身，或储蓄的储藏所——正不断地变得更有价值。因此，根据第八章第十七节讨论的结果，一边际单位投资的舒适性效用即 $U_{S,x}$ 不停地变小。但由于资本设备

① 那些认为只要货币存量固定就不可能存在货币囤积行为的研究者，理由为所有的货币总是处于某个地方（即，以某种形式囤积），当然，他们使用的术语“囤积”和这里使用的“囤积”有不同的意义。

的投资不再增加，所以代表性行为人的实际收入不再增长；因此，用于消费的实际收入的边际单位效用即 $\phi(x)$ 不再变化。由此可得，因子 $\frac{U_{S,x}}{\phi(x)}$ 逐渐变小，随着货币收入的降低，越来越接近于零。因此，由于我们的因子 q 总为正，当货币收入减少到足够低的程度时，$\left\{q-\frac{U_{S,x}}{\phi(x)}\right\}$，也就是 $(q-v)$，不仅必须为正，而且接近 q。这就使得那些阻止建立高水平稳定状态的条件变得不成立。[①] 虽然货币收入在达到临界点后开始下降，也可能是大幅地下降，并且价格也随之下降，但是不久，一个新的高水平充分就业的稳定状态可能就会自行实现。[②] 这总是可能的。

第十三节

然而，还有另一种可能性。正如第六章所讨论过的那样，尽管

① 有人认为，由于现在货币存量(包括银行的货币)的很大一部分被政府债务抵消了，因此不管是以收入品表示还是以资本财富存量表示的价值的净增长所引起的货币价值的升值，比乍一看似乎可能的升值幅度小很多。

② 这里应该提到可能的反对意见。正如我在《稳定状态的经济》第 14 页所指出的那样，均衡情形存在的事实使得一旦达到均衡情形，那么就没有理由偏离它。这并不意味着在所有情况下该情形将是，或者往往是最终可以达到的情形。在物理世界中，使一个钟摆偏离均衡位置后，摩擦阻力会迫使钟摆马上回到均衡位置，并不会总是围绕均衡位置振荡。但是，在经济世界中，我们不能先验地知道，在某一年那些过多生产产品的企业将不会因损失在下一年减少同样的规模，甚至减少更大的规模。高水平稳定状态的均衡情形是否可能用这种方式形成一个中心——不是位于这个中心，而是围绕这个中心振荡？我认为我们能够证明这是可能的。然而，我相信人们终究会通过经验学习，将不会总是做出造成同类损失的决策，这肯定是可能的。如果这种情况属实，那么振荡最终肯定会消失，因此，在不存在新扰动因素的情况下，经济系统不久将处于高水平稳定状态。

在一般条件下，古典观点可能成立，但是在前面所探讨的极端条件下，古典观点也可能不成立。货币工资率可能不随货币收入的下降而相应地下降，而维持充分就业水平的货币工资率降到某个水平后，就会被用刚才描述的方法控制住，不再下降。在公众不满爆发前，这种下降会因一种缓慢增长的阻止运动而停止，或这种下降可能会因政府颁布的最低货币工资率法令而停止。只要其中一种情况发生，那么货币收入进一步的下降将伴随着就业的减少，并且货币收入的下降最终也会得到控制；此时就业会大幅度低于充分就业的水平，人们愿意进行的储蓄和人们愿意通过代表性行为人进行的投资达到平衡——当然，代表性行为人代表了就业者和失业者，他变得如此贫穷，以致他没有把其收入进行储蓄的意愿。[①]如果以大量的失业为代价，把实际收入降低到那个水平，那么就不存在货币收入和就业进一步减少的趋势。该系统达到了比充分就业水平低很多的低水平稳定状态，这属于非常糟糕的那类均衡。显然，这种情况可能发生。在我们模型所假设的条件下，不管可能发生什么事情，重要的是那些可能不同的看法。

第二编第九章注释

凯恩斯理论

在凯恩斯的《通论》中，他不仅提出了对审判日(Day of Judgment)——我所习惯的称呼——的看法，这表示在某些假设条件下可能会发生什么事情，而且指出了当不存在政府对于公共工程的大量持续投资时，在实际生活中可

① 参见 *General Theory*，pp. 217—218。

能会发生什么事情。如果政府采取切合实际的政策，那么他暗示资本设备——当然他正写作时二战还未爆发——将快速地积累，以致可能在一代人的时间内，不再有能够产生正的净回报(即总收益减去把借款者和放款者拉到一起的费用补贴)的投资项目；因此，导致他的审判日的货币过程将很快开始运行。如果前一章的论证正确，那么除非由持有储蓄带来的舒适性所引致的诱发储蓄超过某个量，否则这个货币过程永远不会运行；然而，在它们起作用之前，将达到一个高水平充分就业稳定状态。此外，如果它们的确在起作用，那么它们不会导致审判日，而是会随着货币收入的减少，不是实际收入的减少，导致相应的高水平稳定状态。然而，这还不是全部结果。随着积累的资本对老的投资项目不断地投资，根据没有新的发明和改良的假设，可投资项目会不断减少。当然，在实际生活中，会有新发明和改良，它们会提供新的投资项目，大概能够弥补，或者不仅仅是弥补那些已经完成的投资项目。我们这个时代见证了电动设备、汽车、飞机、留声机和无线电的发展，更不用说坦克和其他武器的发展，以及对多种机器进行的数不清的小改进，[①]因此，这个时代不是一个我们能够预测所有赢利的投资项目全不存在的时代。此外，即使环境变成了一个新资产的平均回报为零的环境，某些资产仍有可能存在回报，并且许多资产都有望如此。考虑到这些因素，即使我们同意在一个没有发明和改良的世界里，审判日也可能，甚或确定最终会到来，在现实世界中，我们也不需要感到非常恐慌。[②]

---

① 关于技术上非常重要的、大量小改进，在克拉潘的《英国经济史》第三卷第三章中有详细的例证。

② 在某些现在的讨论中，研究者往往支持凯恩斯提出的在英国在两次世界大战之间某类低水平均衡在一定程度上可以自我实现或者半自我实现，因此，这解释了那时存在的高失业率。但是，就我所理解的凯恩斯，他自己从来不支持这个观点。对他来说，低水平均衡是可能的(如果我们不能保证很高的投资需求，将来就会面临这个危险)，但现在并没有出现这种情况。

第 三 编

各种短期流动均衡情况之间的差别

第一章　导论

第一节

在第二编中，我们关心的是系统处于短期流动均衡时必须满足的那些条件。在所有这些系统中，前两个方程相同，而第三个方程，我们则给出了多种不同的形式。给定第三个方程的某种形式，为了确定该系统，也需要知道第四个方程的形式。当然，虽然抽象地来说可以想象出无数个这样的方程，但是对我们而言，这里指出，只有两个我们感兴趣的方程，它们就是分别确定总就业量和货币工资率的方程。如果这两个方程中的任意一个系数已经确定，可以这样说，由外部因素确定，那么通常也就确定了整个系统。这意味着只要系统给定的另一个方程由系统确定，则这两个方程不能都由外部确定，这是因为否则就意味着该系统是过度确定的，表明系统自身某些条件相互矛盾。在本编中，我们关心另一类问题。对于有一个或多个不同条件的两个系统来说，未知量的值通常不同。不管在两个系统中第四个方程确定的总就业量或货币工资率是否相等，这种情况确实成立。如果我们愿意，那么我们可以研究前面这类的两个系统之间差别的含义。因此，当两个系统不管是

总就业量还是函数 ϕ、f、F 或 ψ 以给定的方式存在差别时，我们可能会问货币工资率的差别如何；我们也可能就利率、仅某个消费行业的就业量、仅某个投资行业的就业量问同样的问题。要完全回答这些问题，我们应该就每个问题，如货币工资率、利率等，分析其一般特征。当然，尽管在具体细节方面和随后的章节中所进行的分析事实上有所差别，但在本编中，我们的主要兴趣不在于讨论货币工资率和利率，甚至也不在于研究各个消费行业的就业量和各个投资行业的就业量，而在于讨论总就业量。如果总就业量由外部确定，那么进一步的探索就超出了我们研究的范围。因此，我们将不研究那些描述总就业量的第四个方程的系统。我们的注意力将限定于那些描述货币工资率方程的系统。我们假设有两个这类系统，如果它们在某些方面有差别，那么我们会问这两个系统的总就业量之间以什么样的方式存在联系。当然，可以这么说，我们认为有足够多的失业工人在找工作，从而在这两个系统中都不会因工人短缺而使适当的均衡不成立。①

① 如果两个系统都不能达到均衡，那么大概可以通过违背给定货币工资率这个条件进行调整。雇主之间的竞争将不可避免地推高货币工资率。记住我们给出的劳动力是同质的并且完全流动的一般假设是非常重要的（比较前面序言那一章的第三节）。这个假设消除了那些特殊劳动力的瓶颈和短缺，使我们能够避免在更加符合现实的情况下进行研究时可能面临的困难。因此，考虑极端的情形，假设煤炭开采业一度对劳动力的需求下降，而其他行业的工人处于充分就业状态。于是，如果煤炭开采业的工人完全不能流动，即不能进入任何其他行业，则除非直接抵消了煤炭开采业本身的衰减，否则不管是通过增加需求还是通过降低煤炭开采业的货币工资率，都无法阻止总就业量的减少。

第二节

然而，这种说法还是太一般化了。这意味着我们的研究过于宽泛。我们不得不限定我们的目标，并且，为此，必须进一步具体化。除了货币工资率 ω 外，我们的两个系统还包括七个函数，到目前为止，这七个函数为 g、ϕ、f、F、ψ、η_1 和 η_2，以及两个复合函数

$$K_1\text{，即}\frac{F}{\left(1-\frac{1}{\eta_1}\right)F'}\text{和}K_2\text{，即}\frac{\psi}{\left(1-\frac{1}{\eta_2}\right)\psi'}\text{。}$$

我们认为 η_1 和 η_2 分别是 $F(x)$ 和 $\psi(y)$ 的函数。当然，两个系统中的这些函数可能不同。我们将在本编最后一章对这些差别的影响进行简要的研究。在此之前，我将不考虑这些因素。基于这种认识，我们认为两个经济系统的其他几个函数同样可能存在差别。实际上，这不仅是可能的，而且在实际生活中也是有着很高的概率的。它发生的原因可能是：(i)两个或多个函数的形式受某些基本因素的共同影响；(ii)某个函数的形式对其他函数产生直接或间接的影响；(iii)仅仅是偶然的原因。第一类非偶然相关的一个重要例子与对经济持有乐观和悲观的不同看法有关。这些因素不但通过人们对于给定用于投资的劳动量的期望收益的不同影响实际投资的需求函数，而且还通过货币收入函数影响人们把资源用于投资和使其保持流动性的相对意愿。因此，乐观的看法通过两种方式促进就业——扩大用于投资的劳动需求函数和提高货币收入函数；而悲观的看法通过类似的两种方式抑制就业。第二类相关的最重要例子与就业水平对货币工资率的反应有关。如果用于投

资的劳动需求函数较高，其他因素都相同，那么我们完全确信这与较高的货币工资率有关，而较高的货币工资率将部分地或完全地抵消总就业增加的趋势：当然，在任何情况下，用于投资的就业量将更多。如果两个系统之间不止是一个函数而是有几个函数都不同，那么它们对总就业的净影响，可以简单地通过每次仅考虑一种差别的影响，并把这些影响相加而得到。我们随后的注意力将限定于单个差别的影响，这些影响相加的任务将留给读者完成。

第三节

由于货币工资率是一个数值，一个系统与另一个系统货币工资率的唯一差别就是可能高一些或者低一些。但作为单变量函数，函数 g、ϕ、F 和 ψ 却不只是在这方面存在差别，而且在它们代表曲线的形状方面也存在差别。由于函数 f 是两个变量的函数，甚至有更多方面的差别；因此，即使对于单个函数，要想研究所有可能存在的差别引起的影响也是不可能的。于是，我将把研究范围限定在函数 g、ϕ、f、F 和 ψ 存在等比例差别所所引起的影响。因此，我假设系统 A 和系统 B 之间的差别是这样的：对于任何利率，系统 B 用于投资的劳动需求量超过系统 A 的需求量某个（相同的）比例；或者，对于任何的利率和消费品收入组合，系统 B 用于投资的劳动供给量超过系统 A 某个（相同的）比例。也就是说，用于投资的劳动需求函数用 $m\phi(r)$ 表示，在系统 A 中 m 为一个单位量，而在系统 B 中 m 等于其他数；并且对所有其他函数也是如此。

第四节

此外，为了得到清楚准确的数量结果，我不得不使用微分法。这样，我可以直接处理货币工资率和每个函数中那些非常微小的差别。所以，我们的公式类似于对某个商品的价格征收从价税（或者同样的特定税）所得到的结果。虽然对于非常小的税，所得到的结果总是准确的，但是，如果税非常高，那么所得到的结果仅在相关的需求函数和供给函数为线性函数时，结果才准确。函数偏离线性越远，这些公式越不可靠——它们得到的近似结果越不满意。这里的分析得到的结论也同样如此。

第二章　正式推导

第一节

对于正常的银行政策、保持收入不变的银行政策和保持利率不变的银行政策来说，前一章提出的计划似乎可以通过在第二编第三章第二节、第三节、第七节、第九节和第十节提出的方程 ω、g、ϕ、ψ、f 和 F 前面增加 m_1、m_2 等新变量的方法实现；这样，我们就可以用 $m_1\omega$、$m_2 g$、$m_3\phi$、$m_4\psi$、$m_5 f$ 和 $m_6 F$ 来代替这些表达式；除了 ϕ 外，其他所有表达式都成立。因此，我们需要记住 $\phi(r)$ 表示用于投资的劳动需求量，此时给定了生产的技术条件，也就是，函数 ψ 和 F 的形式给定。如果两个系统之间这两个函数的形式不同，那么我们似乎初步认为两个系统投资的劳动需求函数也不同，即使在两个系统中 m_3 相同的情形下也是如此。至于函数 ψ，其反应也证实了这一点。我们不难发现，投资产业劳动生产率的很大一部分对投资产业来说非常特殊，它对投资的劳动需求量的影响与采用适当比例降低利率这种方式产生的影响相同。因此，在括号里边，我们必须用 $\frac{r}{m_4}$ 代替 r。虽然有人可能认为 m_6 和 m_4 的影响相同，因为较大的 m_6 意味着较大的用于投资的劳动回报，但是由于较大的 m_6 也意味着支付给从事投资行业的劳动相应的较高的实际工资率，所以实际情况并非如此。因此，把第二编第三章第二节第一个方程中的表达式 $\phi(r)$ 简单地替换为 $m_3\phi\left(\frac{r}{m_4}\right)$。基于上述论述，对于正常的银行政策、保持收入不变的银行政策和保持利率不变的银行政策来说，合适的方程组为

$$m_3\phi\left(\frac{r}{m_4}\right)=m_5 f(r,m_6F)\ ,\cdots\cdots(\text{I})$$

$$y=m_5 f(r,m_6F)\ ,\cdots\cdots(\text{II})$$

$$m_2 g=(K_1+K_2)m_1\ 。\cdots\cdots(\text{III})$$

人们可能会问，在这些银行政策中，为什么 m_4 和 m_6 没有出现在第三个方程中？答案就是

$$K_1=\frac{m_6F}{\left(1-\frac{1}{\eta_1}\right)m_6F'}\text{ 和 }K_2=\frac{m_4\psi}{\left(1-\frac{1}{\eta_2}\right)m_4\psi'}\ ;$$

当然，在每个表达式中，都把 m 约掉了。

第二节

对于保持消费品价格不变的银行政策来说，除了前面的第三个方程外，其余方程相同，这里的第三个方程是

$$\frac{\mathrm{d}}{\mathrm{d}m_n}\left(\frac{K_1m_1}{Fm_2m_6}\right)=0\ 。\cdots\cdots(\text{III})(\text{b})$$

该方程是用如下方法得到的。在任何给定的系统中，必须保持消费品价格 p_1 不变，如同在第二编第三章中所证明的结果一样，它

等于 $\frac{K_1}{F}\cdot\omega$，即等于 $\frac{\omega}{\left(1-\frac{1}{\eta_1}\right)F'}$。因此，我们必须在 ω 和 F 前加上 m_1 和 m_6，由于 ω 为常数，可以记作等于 1，由此得到 $\left(\frac{K_1 m_1}{Fm_6}\right)=C$。然而，保持消费品价格为常数这个条件，并不意味着在总货币收入不同的两个系统中，消费品价格为同一个数值；除了货币收入保持不变使我们不能比较两个系统的条件外，每个系统都采取了保持收入不变的银行政策，而其目的是为了保持各个系统的收入不变。换句话说，就是不管 m 发生怎样的变化，不是保持 p_1 不变，而是保持 $\frac{p_1}{m_2}$ 不变，不是保持 $\left(\frac{K_1 m_1}{Fm_6}\right)$ 不变，而是保持 $\left(\frac{K_1 m_1}{Fm_2 m_6}\right)$ 不变。因此，我们得到方程

$$\frac{\mathrm{d}}{\mathrm{d}m_n}\left(\frac{K_1 m_1}{Fm_2 m_6}\right)=0\ 。$$

第三节

到目前为止，我们所有的讨论都非常简单。现在到了必须讨论一种到目前为止还没考虑、与第二编的分析无关的复杂情况。与第二编第二章第六节相同，我们也认为 η_1 是 $F(x)$ 的函数、η_2 是 $\psi(y)$ 的函数。虽然，只要函数 F 、ψ 不变，这种表示方法就足够了，但是它们是变化的，因此，η_1 是 $m_6F(x)$ 的函数，η_2 是 $m_4\psi(y)$ 的函数。所以，在给定消费产业生产技术的情况下，用 $K_1(x)$ 表示是合适的；然而，这里我们用 $K_1(x,m_6)$ 表示

$$\frac{1}{1-\frac{1}{\eta_1\{m_6F(x)\}}}\cdot\frac{F(x)}{F'(x)}\text{。}$$

使用同样的方法，我们不用 $K_2(y)$，而用 $K_2(y,m_4)$ 表示

$$\frac{1}{1-\frac{1}{\eta_2\{m_4\psi(y)\}}}\cdot\frac{\psi(y)}{\psi'(y)}\text{。}$$

当然，如果我们研究除了 m_6、m_4 外其他 m 变化的影响，那么这并不是问题。在使得 η_1 或者 η_2 无穷的条件下，换言之，在完全竞争的条件下，或者在 η_1 和 η_2 为常数的条件下，讨论 m_6 和 m_4 的变化更不是问题。但是，在 η_1 和 η_2 既不是无穷也不是常数的条件下，讨论这些量的变化确实存在问题。总之，如同附录第三节将讨论的那样，虽然我们所描述的这些复杂情况与模型Ⅰ(A)、Ⅰ(B)和Ⅱ中的各种变化无关，但是与模型Ⅲ中的各种变化有关。

第四节

于是，对于一般情况，我们考虑两个系统：系统 A 中所有 m 都等于单位 1，系统 B 有多种情况，其中每种情况 m 都比单位 1 稍微大些。因此，每个 m 给定的变化，都会引起总就业相应的变化。这些相应的变化正是我们需要主要确定的量。我们也对讨论就业乘数感兴趣，也就是总就业之差除以与此相应的投资产业的就业之差，这是由货币工资率之差和前面不同函数之差引起的。最后，我们对讨论货币乘数——货币收入之差除以与此相应的货币投资之差——也产生了兴趣，尽管我们对这种情况不是特别关心。

第五节

我们把研究结果用字母表表示或许很方便。这将缩短阐述的篇幅。如果读者不怕麻烦记住每个字母的意义，那么他将发现前面的问题非常简单。我们用字母 D 表示总就业之差（不是绝对值）除以相关 m 的相应之差；① 用字母 M 表示就业乘数；用字母 N 表示货币乘数。这些字母添加下标 1、2、3……以区别总就业之差和与这些差别相关的两个经济系统之间每个函数（或者，如果我们愿意，那么我们称为平衡因子）的乘数之差。于是，我们得到下表。

原因因子	相应的总就业之差（每种情况下）乘以 $\frac{m_n}{\mathrm{d}m_n}$	相应的就业乘数	相应的货币乘数
货币工资率之差	D_1	M_1	N_1
货币收入之差	D_2	M_2	N_2
用于投资的劳动需求函数之差	D_3	M_3	N_3
投资产业劳动生产率函数之差	D_4	M_4	N_4

① 因此，$D_n = \frac{\mathrm{d}}{\mathrm{d}m_n}(x+y)$；从而，$(x+y)$ 的绝对值 $= \mathrm{d}m_n \cdot D_n$，或者，由于 $m_n = 1$，所以 $(x+y)$ 的绝对值 $= \frac{\mathrm{d}m_n}{m_n} \cdot D_n$。

（续表）

用于投资的劳动供给函数之差	D_5	M_5	N_5
消费产业劳动生产率函数之差	D_6	M_6	N_6

我们的工作就是研究上述表格中各种情形下这些字母的符号及其可能代表的数值。

第三章　多种模型

第一节

在前一编中，除了讨论我所给出的模型的最一般形式外，没打算讨论任何其他问题。然而，这里引入一些简单形式，在此情形下可以得到一些明确的结论，而在一般模型中，这是不可能的。我把将要研究的模型称为模型Ⅲ（一般形式）、模型Ⅱ和模型Ⅰ，最后两个模型有两种形式，就是（B）和（A）。

第二节

模型Ⅲ按照第二编第三章所描述的方法进行构造，模型Ⅱ是模型Ⅲ在所有产业都处于完全竞争下的特殊情况。这意味着每个产业不管是消费产业还是投资产业，货币工资率都等于劳动边际产品的价值。模型Ⅰ有两种形式：模型Ⅰ（B）和模型Ⅰ（A）。这两种形式的本质特征就是在面临就业量变化时，所有劳动收入的比例份额不变，即工资收入占总收入的比例总是保持不变——当然，这个比例小于单位1。此外，我们还假设在消费产业和投资产业中这个比例相等。在模型Ⅰ(B)中添加了垄断势力，正如我们已经得到的结果那样，这意味着许多行业都存在垄断势力。因此，货币工资率不是等于而是小于劳动边际产品的价值。而模型Ⅰ(A)是完全竞争情形，正如我们前面提到的，这意味着货币工资率等于劳动边际产品的价值。当然，虽然模型Ⅰ的两种形式都是模型Ⅲ的特殊形式，但是，模型Ⅰ(A)也是模型Ⅱ的特殊形式，而模型Ⅰ(B)不是模型Ⅱ的特殊形式。在许多情况下，模型Ⅰ的两种形式(B)和(A)中的函数都相同，因此，我们没有必要进行区分。然而，在某些情况下，并不是这样。

第三节

对模型Ⅰ的两种形式施加任意基本约束条件都是合适的，并且似乎乍一看没有理由研究这两种形式中任意一种特殊形式。然而，事实上，这样做的根据非常充分。我们有大量的统计证据表明，实际生活并没有偏离这个条件很远。相反，经过较长的时期后，劳动和设备的比例发生了相当大的变化，这些因子占收入的比例几乎完全不变。因此，对英国来说，鲍利(Bowley)博士发现1880年和1924年财产占收入的比例份额几乎相同；而在1880—1935年整个期间，体力劳动者占收入的比例份额也几乎相同，一直在40%和43%之间。[①] 当然，这些百分比是与税前收入有关的。道格拉斯(Douglas)教授得到了其他国家完全不变的比例。

① 参见 *Wage and Income since 1860*, pp. xvi and 96。

此外，科莱克(Kalecki)先生根据英国1924—1935年(包含起始和截止年份)各年劳动占家庭生产总收入的比例份额绘制了一张表，发现该比例不会低于40.8%，也从不会高于43%。[①] 这些事实表明，尽管在实际生活中资本和劳动对于收入比例份额的变化起了一定的作用，但是它们确实没有起非常重要的作用。

第四节

在这几个模型中，就研究前一章提出的这些问题来说，从逻辑上看，最有效的方法当然是使用一般模型Ⅲ。并且，即使在更特殊的条件下确实需要其他模型，也能够得到修正所得到结果的方法。实际上，这个方法放在随后的数学附录中。然而，这里我们所关心的不仅仅是给出结构不同的经济系统之间的差别对总就业的影响，而且还要尽可能地解释产生这些结果的原因。如果我们处理的模型较简单的话，那么这件事情更容易。因此，我将首先用尽量大的篇幅讨论模型Ⅰ(A)，然后，简单明了地得到一般原理，并发现在其他模型中这些一般原理的更一般的意义。第四章到第十章的所有结论都体现在附录的数学表格中。当然，那里给出的表达式都是用代数运算的方法推导出来的。从理论上看，这些工作并

① 《经济波动理论论文集》，第16页。科莱克先生使用一张几乎可以相比的美国数据表，发现在1919—1934年间，比例范围从34.9%扩大到39.3%(此处引自第17页)。英国总"私人"收入的比例份额，除了"军人的工资和津贴"外，属于税前工资的官方估计为1938年占36%、1947年占40%。大量的控制手段和限制措施特别是对非工资收入的影响可能部分影响了这个变化。然而，在1935—1940年的统计摘要中，1938年为37%，而1946年为38%，这个事实让人产生怀疑。

不困难，只不过在某些情形下非常烦琐，这里忽略了具体推导过程。愿意检查这些工作的读者会发现，从头开始分析比一步一步地证明另一个人的代数推导更简单一些。[①]

第五节

在整个分析过程中，我们必须记住第二编中已经指出的三个事实。首先，第二编第二章证明了 ϕ' 本质上必须为负，而 g'、F'、$\frac{\partial f}{\partial F}$、$\eta_1$ 和 η_2 都不能为负。其次，第二编第五章证明了 $\left(\frac{\partial f}{\partial r}-\phi'\right)$、$K'_1$ 和 K'_2 可能为正。我们会发现这些命题在随后的分析过程中在多种情形下都能够确定它们的符号，而除了这些变量的符号之外，不可能确定其他变量的符号。第三，第二编第三章第十一节证明了在存在使消费品价格保持不变的银行政策时，我们所研究的那类系统在某些条件下不能确定总就业量。显然，要比较两个我们所感兴趣的这一类系统，或者，实际上，比较某个这一类系统和另一个可确定的系统，是不可能的。由于这个原因，在随后的章节中，我们的分析将分成几种情况进行讨论。

第六节

在第四章到第七章中，对于正常的银行政策、保持收入不变的

① 这个代数分析，我在序言中提到过，应该感谢格劳特女士。

银行政策和保持价格不变的银行政策，我们将分别研究给出的每个模型的 D；在第八章中，研究 M；在第九章中，研究 N。对于保持利率不变的银行政策，这个政策和其他三种情况不同，这是因为在此情形下，所有 D、所有 M 和某些 N 在所有三个模型中的值相同。因此，讨论将非常简短。直到第十章我们才讨论这个问题，并且第十章只讨论这个问题。

第三编第三章第三节注释

在不存在其他生产要素的情况下劳动与资本的比例份额

如果给定资本存量，并且(边际)劳动生产函数和产业垄断程度也给定，那么为了当就业增加时，劳动的收入比例份额不变，在相关范围内，劳动(边际)生产函数的弹性必须为负，并且其数值等于开始属于资本的收入比例份额的倒数。用 x 表示劳动量，F 表示生产函数，e_l 表示弹性。所要求的条件是 $\frac{\mathrm{d}}{\mathrm{d}x}\left(\frac{xF'}{F}\right)=0$，也就是 $-\frac{xF''}{F'}=\frac{F-xF'}{F}$，也即 $e_l=\frac{F}{F-xF'}$。

人们同意的一般命题就是，如果两个相互结合进行生产的生产要素(如果没有其他要素)的替代弹性等于 1，那么它们分配得到的产品比例份额不变。虽然有时人们认为这两个命题不一致，但这是一种错误的观点。

令 x 表示劳动量，y 表示资本量，$F(x, y)$ 表示产品数量。用 η 表示替代弹性；e_l 和前面一样，表示当资本存量给定时，用产品表示的劳动需求(偏)弹性；e_c 表示当劳动存量给定时，相应的资本需求(偏)弹性。

我们把这些弹性都记作正数，可以证明 $\frac{1}{\eta}=\frac{1}{e_l}+\frac{1}{e_c}$。由于用 a 和 b 分别表示劳动量和资本量，用 p_a 与 p_b 分别表示劳动与资本的边际产品，根据定义，我们有 $e_l=\frac{\partial a}{\partial p_a}\cdot\frac{p_a}{a}$ 和 $e_c=\frac{\partial b}{\partial p_b}\cdot\frac{p_b}{b}$。此外，根据通常替代弹性的定义，有

$$\eta=\frac{p_b}{a\left(\frac{\partial p_a}{\partial a}-\frac{p_a}{p_b}\cdot\frac{\partial p_b}{\partial a}\right)}。$$

不过，由于对于一阶齐次函数来说，所有要素变动相同比例，任何要素的边际产品不变，

$$\frac{\partial p_b}{\partial b}+\frac{a}{b}\cdot\frac{\partial p_b}{\partial a}=0\ ,$$

$$\therefore\ \eta=\frac{p_a}{a\left(\dfrac{\partial p_a}{\partial a}+\dfrac{p_a}{p_b}\cdot\dfrac{b}{a}\cdot\dfrac{\partial p_b}{\partial b}\right)}=\frac{1}{\dfrac{\partial p_a}{\partial a}\cdot\dfrac{a}{p_a}+\dfrac{\partial p_b}{\partial b}\cdot\dfrac{b}{p_b}}=\frac{1}{\dfrac{1}{e_l}+\dfrac{1}{e_c}}\ ,$$

$$\therefore\ \frac{1}{\eta}=\frac{1}{e_l}+\frac{1}{e_c}\ 。$$

（参见我的文章，“替代弹性”，《经济学杂志》，1934 年 7 月。）

与我在这个注释开始时的说法一致，当劳动存量发生变化而资本存量保持不变时，劳动收入的比例份额保持不变的条件为$\dfrac{\mathrm{d}}{\mathrm{d}x}\left(\dfrac{x\dfrac{\partial F}{\partial x}}{F}\right)=0$，也就是$\dfrac{1}{e_l}=\dfrac{1-x\dfrac{\partial F}{\partial x}}{F}$；这是初始资本的产品分配比例份额。同理，当资本存量发生变化而劳动存量保持不变时，资本的分配比例保持不变的条件为$\dfrac{1}{e_c}=\dfrac{1-y\dfrac{\partial F}{\partial y}}{F}$，也就是说，$\dfrac{1}{e_c}$等于初始劳动收入的比例份额。

现在，显然两个生产要素的初始分配比例相加必须等于 1。

$$\therefore\ \frac{1}{e_l}+\frac{1}{e_c}=1\ ,$$

$$\therefore\ \frac{1}{\eta}=1\ 。$$

因此在劳动或资本的存量发生变化时，劳动收入比例份额保持不变的条件就是替代弹性等于 1。为了使得当资本存量保持不变而劳动存量发生变化时，劳动收入比例份额保持不变，$\dfrac{1}{e_l}$必须等于资本的初始分配比例份额。这两个观点不一致；不过，前一个观点是对后一个观点的补充。

第四章　模型Ⅰ(A)

第一节

为了和前面给出的分析框架一致，我继续详细研究我们最简单的模型，也就是模型Ⅰ(A)。和其他模型一样，在这个模型中，如果银行政策是正常的银行政策和(成功地)保持收入不变的银行政策，那么我们有如下三个基本方程：

$$m_3\phi\left(\frac{r}{m_4}\right)=m_5 f\{r,m_6F(x)\}\ ,\cdots\cdots(\text{I})$$

$$y=m_5 f\{r,m_6F(x)\}\ ,\cdots\cdots(\text{II})$$

$$m_2 g(r)=\{K_1(x)+K_2(y)\}m_1\ 。\cdots\cdots(\text{III})$$

当然，第三个方程是把两个方程组合到一起得到的，一个方程用 $m_1\omega$ 代替 m_1，而另一个方程，因为 $\omega=$ 常数，所以可以认为 $\omega=1$。此外，用下面的简单条件定义函数 K_1 和 K_2：

$$K_1=\frac{F}{F'}=C_1x\ ,\cdots\cdots(\text{IV})$$

$$K_2=\frac{\psi}{\psi'}=C_1y\ ,\cdots\cdots(\text{V})$$

其中 C_1 是比单位 1 大的常数。也就是说，假设(i)在消费产业和投资产业中劳动收入占收入的比例值相等，都为 $\frac{1}{C_1}$，这个值与工作中使用的劳动数量无关；假设(ii)在两个产业中完全竞争条件都成立——通过等式 $K_1=\frac{F}{F'}$ 和 $K_2=\frac{\psi}{\psi'}$ 规定这个条件成立。于是，第三个方程变成 $m_2 g(r)=C_1(x+y)m_1$。如果银行政策是保持消费品价格不变，那么第三个方程将按照第三编第二章第二节中的解释方法将用更复杂的公式代替。这里相关的形式为 $\frac{\mathrm{d}}{\mathrm{d}m_n}\left(\frac{C_1 x m_1}{F m_2 m_6}\right)=0$。我将在本章研究第 148 页列出的几个 D 的情况。希望读者记住 D 不是 $(x+y)$ 之差的绝对值，而是在每种情况下，$(x+y)$ 之差的绝对值乘以 $\frac{m_n}{\mathrm{d}m_n}$ 的适当值。我们将回想起这个模型永远不会遇到不可确定的情况，因此，这个确定 D 符号的分析结果总成立。

第二节

我将在小标题Ⅰ下，讨论正常的银行政策；在小标题Ⅱ下，只进行一个简短的讨论就足够了，我将讨论(成功地)保持货币收入不变的银行政策；最后，我将在小标题Ⅲ下，讨论保持消费品价格不变的银行政策。

小标题Ⅰ：正常的银行政策

D_1. 当两个系统货币工资率存在很小差异时，与此相关的两个系

统的总就业之差

第三节

我们假设系统 A 和系统 B 之间，除了系统 B 的货币工资率比系统 A 高之外，其他所有方面，这两个系统都相同。和我们的定义一致，根据这个模型中货币收入和总货币工资的比例都为常数的事实，可得除非系统 B 有更多的货币收入，否则系统 B 的就业肯定要少一些。但对于正常的银行政策来说，如果货币收入更多，那么利率必须更高。这意味着投资产业需要更少的劳动，从而就业也更少。此外，如果系统 B 的利率更高，那么该系统的消费产业的实际收入和就业也更小；因为否则就会给投资产业提供更多超过需要的劳动，所以该系统不存在均衡。因此，即使系统 B 有更多的货币收入，该系统的总就业也更少。因此，在任何情况下，D_1 为负。显然，系统 B 总就业降低的程度越大，货币收入对利率变化的反应越小。正如附录中表Ⅹ给出的结果那样，系统 B 总就业减少的程度越大，则(i)投资的劳动供给对利息变化的反应越强，并且(ii)投资的劳动需求对利息变化相反意义上的反应越强。

D_2. 当两个系统货币收入函数存在很小差异时，与此相关的两个系统的总就业之差

第四节

货币收入函数提高给定的比例对总就业的影响，显然肯定与货币工资率降低相应的比例对总就业的影响相同,不管货币收入函数的提高是由于人们流动性意愿的降低,还是由于货币存量的增大。因此,D_2 为正。此外,当货币收入函数增大时,与系统 A 相比,使得系统 B 超额就业数量更大或更小的情形,显然与当货币工资率降低时,使得系统 B 超额就业数量更大或更小的情形相同。

D_3. 当两个系统用于投资的劳动需求函数存在很小差异时,与此相关的两个系统的总就业之差

第五节

我们假设除了利率之外,所有其他函数包括工资率都相同,系统 A 和系统 B 的区别在于,在每个利率水平上,就投资需要的劳动量来说,系统 B 都比系统 A 大相同的比例。显然这使得系统 B 比系统 A 的利率更高。但如果系统 B 利率更高,对于正常的银行政策来说,则系统 B 的货币收入更多。于是,由于在这个模型中,劳动收入的份额总相同,并且,我们假设系统 B 和系统 A 的货币工资率相等,因此可得系统 B 的就业更多。因此,对于正常的银行政策来说,系统 B 的就业——系统 B 用于投资的劳动需求函数扩张更强——比系统 A 更多,D_3 为正。此外,我们很容易发现对于给定的利率之差,货币收入的反应越强,这个差额越大。虽然这里还有一个结论不容易证明,但是附录中的表 Ⅹ 给出的代数运算的结果表明在下列情形下,这个差额将更大:(i)利率增加,导致用于投资的劳动供给的增加量非常小;(ii)利率增加,导致用于投资的劳动需求的减少量非常小；(iii)用于消费的收入份额增加，对用于投资的劳动供给的影响非常小。

D_4. 当两个系统投资产业劳动生产率存在很小差异时，与此相关的两个系统的总就业之差

第六节

现在我们假设两个系统的差别在于，对于同样数量的用于生产投资品的劳动，系统B比系统A产出更多。于是，我们可得，如果系统B的劳动生产率不是更高，那么系统B中用于投资的劳动需求量和可能的需求量相同，但系统B相应的利率更低。[①] 这样，生产投资品的劳动生产率更高对总就业的影响，和用于投资的劳动需求函数更大对总就业的影响，二者基本相同。因此，就确定其符号来说，这个问题只不过是前一节所讨论问题的变形。D_4 为正。

D_5. 当两个系统用于投资的劳动供给函数存在很小差异时，与此相关的两个系统的总就业之差

第七节

下面，我们假设所有其他条件都相同，对于每个利率和消费收

① 这种观点一般是正确的。为了保证它完全正确，我们必须假设在有关的范围内，ϕ' 为常数，也就是说，需求函数为线性函数。

入的组合，系统 B 和系统 A 的差别在于对于相同的比例，用于投资的劳动供给量，比如说，每年的劳动供给量，系统 B 更大。显然，系统 B 投资产业的就业更多。然而，这意味着利率肯定更低，否则不可能需要更多的投资量，从而与所供给的更多投资量不匹配，不可能存在均衡。但对于正常的银行政策来说，更低的利率会引起更低的货币收入。因此，必须有更少的总就业。于是，一个更扩张的用于投资的劳动供给函数，虽然它对投资产业就业量的影响与一个更扩张的需求函数影响相同，但是它对总就业的影响相反。给定货币工资率和所有其他相关因素，总就业——和投资产业的就业不同——会受到节俭，或者使用凯恩斯的说法，“储蓄倾向”提高的不利影响。D_5 为负。我们容易得到：货币收入对不同利率的反应越强，总就业受到相反的影响也越大。数学分析表明，总就业受到相反的影响有：(i)利率增加，对投资需求的影响非常小；(ii)利率增加，对用于投资的劳动供给函数的负面影响也非常小；(iii)人们持有的消费收入增加，对用于投资的劳动供给的影响非常小。①

D_6. 当两个系统消费产业劳动生产率存在很小差异时，与此相关的两个系统的总就业之差

第八节

在讨论这个问题时，我们假设对于两个系统使用的所有劳动量来说，系统 B 比系统 A 的消费品劳动生产率更高，且高出的程

① 参见附录中的表Ⅹ。

度相同。我们容易得到如果对于各个特定的利率，给定人们愿意供给的劳动量，并且消费品的收入不变，那么消费产业的劳动生产率越高，人们越愿意把劳动用于投资产业。这样对总就业产生的影响，与给定某个具体的利率和具体的消费品收入，人们更愿意把劳动用于投资，从而对总就业产生的影响，这两种影响的方式是相同的。但后一种情况消费产业的劳动生产率不变。因此，目前的问题只不过是前一节所讨论问题的变形。D_6 和 D_5 的符号肯定相同，即 D_6 为负。通常使得 D_6 更大或更小的情况和通常使得 D_5 更大或更小的情况相同。

小标题Ⅱ

第九节

现在，我转入讨论（成功地）保持货币收入不变的银行政策。首先，如果系统 B 和系统 A 的差别在于系统 A 的货币工资率较高，那么按比例来看，显然系统 B 的总就业要比货币工资率较高的系统 A 的总就业少。其次，如果系统 B 和系统 A 的差别在于系统 A 的货币收入函数较高，那么按比例来看，同样显然系统 B 的总就业要比货币收入函数较高的系统 A 的总就业多。因此，D_1 和 D_2 的符号和正常银行政策的情况相同，肯定有 D_1 为负、D_2 为正。然而，根据附录中的表Ⅹ，显然，和正常银行政策相比，它们的数值与用于投资的劳动需求或供给函数随利率变化而变化的程度无关。用于投资的劳动供给函数对消费品收入的变化反应越强，它们的数值就越大。第三，由于在模型Ⅰ(A)中，工人收入占总收入比例不变，因此只要货币收入和货币工资率不变，那么不管其他平衡因子怎样变化，总就业都不可能发生变化，也就是说，除了 D_1 和 D_2 外，其他所有的 D 都等于零。

小标题Ⅲ

第十节

除了前面几种情形外，[1]还存在保持消费品价格不变的银行政策，我们需要对这种例外情形进行讨论，即两个系统的货币收入函数不同，且两个系统的消费品价格不同，但消费品价格会随货币收入函数按比例变化。正如我们已经解释过的那样，拒绝这种例外情形，将等同于排除了不同系统的银行体系保持不同的消费品价格水平的可能性。和前面第一节中的第三个基本方程 $m_2 g(r)=C_1(x+y)m_1$ 不同，这里用一个更复杂的形式代替：

$$\frac{\mathrm{d}}{\mathrm{d}m_n}\left(\frac{K_1 m_1}{F m_2 m_6}\right)=0 \text{。}$$

等式 $K_1=C_1 x$ 仍成立，因此，这个一般形式化为

$$\frac{\mathrm{d}}{\mathrm{d}m_n}\left(\frac{C_1 x m_1}{F m_2 m_6}\right)=0 \text{。}$$

---

① 如果我们愿意，那么我们也可以设想有这样一项银行政策，该政策使得货币收入和货币工资率保持比例不变。基于这样的银行政策，如果我们可以忽略生产时间，那么不管所有货币工资率之间有多大差别，在其他因素都相同的条件下，所有货币工资率与同样的就业量有关。但这样的政策从来没有实施过。参见前面第二编第二章第十九节注释。

这个代数式的意义将在附录中进行讨论，和小标题Ⅰ和小标题Ⅱ中的讨论一样，我将用日常使用的语言讨论各种 D 的情况。

D_1

第十一节

在此情况下，虽然系统 B 的货币工资率比系统 A 的货币工资率高，但是，尽管如此，如果这两个系统消费品的价格相同，那么这意味着系统 B 的实际工资率较高。然而，模型Ⅰ(A)的实际工资率等于消费产业劳动的边际生产率。由于在这种情况下收益递增和稳定均衡二者存在矛盾，所以伴随着系统 B 比系统 A 实际工资率高而产生的是系统 B 消费产业就业较少，否则就不可能保持使得每个产业中赚取周薪者获得的收入比例份额为常数的条件成立。但消费产业的就业越少，那么根据我们的分析方法可以得到，利率一定越高，因此，投资产业需要的劳动越少。由此可得，系统 B 的总就业肯定少于系统 A 的总就业。D_1 为负。由于系统 B 利率越高，D_1 取负值的数量越大，因此用于投资的劳动供给对各种利率变化的反应越弱，则用于投资的劳动需求对各种利率变化的反应越强，并且用于投资的劳动供给对消费收入大小的反应也越强。

D_2

第十二节

在此情形下，由于系统 B 的消费品价格非常高，而系统 B 和系统 A 的货币工资率相同，所以，系统 B 的实际工资率较低。我们用代数计算容易证明，实际上，凭常识显然可得，在各种情况下，D_2 和 D_1 数值相同，符号相反。

D_3

第十三节

在此情形下，由于系统 B 和系统 A 的消费品价格水平和货币工资率都相等，所以，消费产业就业必须相等；但是，既然如此，根据我们的分析方法可得，如果系统 B 中用于投资的劳动需求函数增加得越大，那么相应的利率肯定也越高。因此，在其他条件都相同的情况下，投资产业的就业增加、不变还是减少，将视与高利率相关的用于投资的劳动供给增加、不变或减少而定，以致总就业也是增加、不变或减少。正如我们在第二编第五章第二节所进行的研究那样，尽管经济学家的一般意见还未达成一致，但是在其他条件都相同的情况下，利率越高，引致用于投资的劳动供给也越高。如果这种观点确实成立，那么 D_3 为正。当利率增加时，用于投资的劳动供给增加得越多，并且用于投资的劳动需求减少得越快，D_3 的数值就越大。①

D_4

第十四节

在此情形下，不是系统 B 中用于投资的劳动需求函数较高，

① 参见附录中的表Ⅺ。

而是关于投资品的劳动生产率较高。显然，可以应用前面同样的推理。在同样的假设下，D_4 为正。用于投资的劳动供给和需求对利率变化的巨大反应，对 D_4 数值的影响方式和它们对 D_3 数值的影响方式相同。

D_5

第十五节

我们再次重申这样一个判断，如果系统 B 和系统 A 的实际工资率相等，那么这两个系统消费产业的就业必须相等。用于投资的劳动供给函数增加得越快，而需求函数不变，那么系统 B 中投资产业的就业越多。D_5 为正。这与正常银行政策下的结果完全不同。因为对于那种情况来说，正如我们已经得到的结果，D_5 为负。就我们现在研究的这类银行政策来说，D_5 的数值越大，用于投资的劳动需求函数对利率变化的反应越强，而供给函数对利率变化的反应越弱。

D_6

第十六节

在此情形下，和标题 D_5 的情况不同，不是系统 B 中用于投资的劳动供给函数增加得更快，而是消费产业的劳动生产率更高。对于我们假设的银行政策来说，只要实际工资率固定不变，那么这肯定使得消费产业的就业更多。推理过程类似前一节证明投资产业就业也更多的过程。因此，D_6 为正。这再一次与正常银行政策下的结果完全不同。使得 D_5 数值更大的影响因素也会使得 D_6 更大。这也与消费收入的大小有关。劳动供给对消费收入的反应越强，D_6 的数值越大。

结论

第十七节

在进行本章总结时，附带补充一句话：我预料对我们得到的各种差别和关于 D_3、D_4 和 D_5 的结论有可能存在异议。人们可能认为，如果系统 B 中从事投资产业赚取工资并且把其工资用于购买消费品的人数比系统 A 多，那么系统 B 中从事消费产业的人数也一定比系统 A 多，这是因为系统 B 中那些额外的在投资产业工作的工人会自动地引致一些工人在消费产业工作，提供消费品供他们用获得的工资购买。如果这种观点是正确的，那么我们的部分分析就是不对的。但是这种观点并不正确。投资产业额外的工人对消费品的需求不需要额外生产消费品就能得到满足。我的确不仅仅是指目前可以通过商店中这些消费品的存货满足这些工人的需求。这些工人的需求还可以通过非赚取周薪者减少这些消费品的消费持续地得到满足，从而能够在投资产业投入更多的劳动。[①]实际上，我们必须承认，如果储蓄量和供给投资的劳动量对利率的

① 关于这些问题的充分详细的讨论，参见拙著《失业理论》第三编第九章。

变化完全没有反应,那么在一定程度上可能禁止使用这种解决问题的办法。但是,正如几乎确定的情形,如果假设供给投资的劳动量在某种程度上随利率的变化而变化,那么就可以随意使用这种解决问题的方法。即使在消费产业的就业不可能增加的条件下,也不存在总就业不能增加的理由。因此,我们前面考虑的反对意见就不成立,而所得到的结论仍然完全成立。

第五章　模型Ⅰ(B)

第一节

模型Ⅰ(B)和模型Ⅰ(A)的区别在于尽管劳动收入占收入的比例份额为常数(无论在消费产业还是投资产业都如此)仍然成立,但是,这个常数不再是完全竞争情况下 $\frac{F}{xF'}=\frac{\psi}{y\psi'}$ 的倒数。我们可以把它记为 C,而不是 C_1,这里

$$C=\frac{F}{x\left(1-\frac{1}{\eta_1}\right)F'}=\frac{\psi}{y\left(1-\frac{1}{\eta_2}\right)\psi'},$$

并且 $\frac{1}{\eta_1}$ 和 $\frac{1}{\eta_2}$ 分别是 $F(x)$ 和 $\psi(y)$ 的函数,它们不等于零,都为正,并且小于1。[①] 对模型Ⅰ(B)来说,引入这样复杂的形式后,前一章模型Ⅰ(A)得到的那些关于 D 的结论将以什么方式进行调整?

---

① 当我们谈到模型Ⅲ时,我们将认为 η_1 是 $m_6F(x)$ 的函数、η_2 是 $m_4\psi(y)$ 的函数。然而,在目前的模型中,尽管它是模型Ⅲ的一种特殊情况,但是,使得劳动收入的比例份额为常数的条件,与 η 依赖于 m_6、m_4 矛盾。参见附录第三节。

第二节

我们查看附录中的表Ⅶ，发现对于正常的银行政策来说，C 只出现在 D 的所有表达式的分母中。我们进一步发现它以这样的方式出现，使得每个 D 的符号和模型Ⅰ(A)中每个 D 的符号相同。

第三节

对于(成功地)保持货币收入不变的银行政策来说，关于 D_1 和 D_2，同样的结论仍成立。在模型Ⅰ(B)中，所有其他 D 都等于零，这和模型Ⅰ(A)中的情况相同。因此，这两个模型中的这些 D 没有区别。

第四节

对于成功地保持消费品价格水平不变的银行政策来说，附录中的表Ⅸ及其注解一起表明，只要我们讨论的是可确定的情况，那么每个 D 的符号和模型Ⅰ(A)中的符号就相同。但这个模型没有排除不可确定的情况。使得所有 D 的分析不成立的条件可能会存在。[①]

---

① 参见附录第七节。

第六章　模型Ⅱ

第一节

模型Ⅱ和模型Ⅰ(A)的区别在于虽然我们没有假设工薪族的收入占收入的比例为常数，但是仍然假设完全竞争的条件成立。虽然对于正常的银行政策和保持货币收入不变的银行政策来说，前三个基本方程，也就是

$$m_3\phi\left(\frac{r}{m_4}\right)=m_5 f\{r,m_6 F(x)\}\quad,\cdots\cdots(\text{I})$$

$$y=m_5 f\{r,m_6 F(x)\}\quad,\cdots\cdots(\text{II})$$

$$m_2 g(r)=(K_1+K_2)m_1\quad,\cdots\cdots(\text{III})$$

和模型Ⅰ(A)中的方程相同，但是第三个方程进行了修改，不是方程组

$$K_1=\frac{F}{F'}=C_1 x\ ,$$

$$K_2=\frac{\psi}{\psi'}=C_1 y\ ,$$

而是仅有等式

$$K_1=\frac{F}{F'}\ ,$$

$$K_2 = \frac{\psi}{\psi'}\text{。}$$

因此，我们不能记为 $m_2 g(r) = (K_1 + K_2) m_1$，而是只能记为更一般的形式

$$m_2 g(r) = \left(\frac{F}{F'} + \frac{\psi}{\psi'}\right) m_1\text{。}$$

对于保持消费品价格不变的银行政策来说，第三个方程不是

$$\frac{\mathrm{d}}{\mathrm{d}m_n}\left(\frac{C_1 x m_1}{F m_2 m_6}\right) = 0\text{，而是}\frac{\mathrm{d}}{\mathrm{d}m_n}\left(\frac{m_1}{F' m_2 m_6}\right) = 0\text{。}$$

根据这些基本的事实，不需要进一步详细阐述，我将研究我们所讨论的 D 的符号。显然，对于和模型Ⅰ(A)相同的模型Ⅱ的特殊情形，不需要进一步进行讨论。我们的注意力将集中于其他情形。

(a)正常的银行政策

第二节

正如我们就模型Ⅰ(A)在第四章所进行的分析那样，在合理的范围内用日常语言分析我们的问题不具有可行性。我们必须把各种情况记录下来并且尽可能地解释附录中代数分析所得到的结论。通过把我们的方程适当变形，得到所有 D 的表达式。当然，每一个表达式都有分子和分母。我们发现所有表达式的分母都相同，并且肯定为正。因此，在确定这些 D 的符号时，我们只考虑分子即可。记住这一点，让我们直接讨论我们在模型Ⅰ(A)所得到的那些结论在模型Ⅱ中是否仍成立。我们的代数分析表明——实

际上,凭常识也不难发现这些结论——给定所有其他决定因素,如果系统 B 比系统 A 的货币工资率高,那么系统 B 的总就业肯定较少,然而,如果系统 B 的货币收入函数更多,那么总就业肯定较多。因此,在这两种情形下,模型Ⅱ和模型Ⅰ的结论肯定相同。也就是说,模型Ⅱ中 D_1 和 D_2 的符号,和模型Ⅰ(A)的符号相同。我们还进一步发现模型Ⅱ中影响 D_1 和 D_2 的数值大小的因素和模型Ⅰ(A)的因素相同。

第三节

如果系统 B 用于投资的劳动需求函数,或者投资产业的劳动生产率比系统 A 高,或者系统 B 用于投资的劳动供给函数更加扩张,或者消费产业的劳动生产率更高,那么我们的代数分析表明模型Ⅱ中 D_3、D_4 和 D_5 的符号可能与模型Ⅰ(A)中它们的符号不同。这是因为在每种情形下,相关表达式分子中有一项的符号可以为正也可以为负。如果该项为零,那么模型Ⅱ和模型Ⅰ(A)的结论相同。但如果该项不为零,那么有可能彻底改变模型Ⅰ(A)得到的一个或多个结论。以这样的方式威胁我们所得到结论的那一项就是

$$\left\{\frac{\mathrm{d}}{\mathrm{d}x}\left(\frac{F}{F'}\right)-\frac{\mathrm{d}}{\mathrm{d}y}\left(\frac{\psi}{\psi'}\right)\right\}。$$

第四节

如果该项为负并且充分大,那么系统 B 和系统 A 的区别在于

用于投资的劳动需求函数更高，或者投资产业的劳动生产率更高；就这两种情形来说，彻底改变了从模型Ⅰ(A)得到的结论。总就业将更少而不是和模型Ⅰ(A)中那样比系统A的总就业更多。也就是说，D_3、D_4将为负而不是为正。乍一看，这似乎不可能，或者至少存在矛盾。然而，事实上确实如此。由于投资产业需要大量的劳动，这可能使得——假如投资产业的边际生产率弹性较低——投资产业中赚取周薪者的收入所占的比例份额非常高。如果出现了这种情况，那么尽管总收入较多，但是可以用于购买消费产业产品的货币收入量将非常少，这使得投资产业就业的减少量远远超过抵消投资产业就业的增加量需要的水平。更一般地，系统B投资需求越多，投资产业和消费产业中赚取周薪者的货币收入所占的比例份额可能越高。尽管总货币收入也非常高，但是支付给劳动力的货币收入的绝对量可能较低，并且由于假设货币工资率不变，因此，总就业也较少。

第五节

我们再次讨论如果$\left\{\frac{\mathrm{d}}{\mathrm{d}x}\left(\frac{F}{F'}\right)-\frac{\mathrm{d}}{\mathrm{d}y}\left(\frac{\psi}{\psi'}\right)\right\}$为正并且充分大，并且系统B和系统A的差别在于用于投资的劳动供给函数更扩张，那么系统B的总就业将更多，而不是像模型Ⅰ(A)中那样系统B的总就业比系统A的总就业少。D_5为正，而不是为负。我们对这个结论的解释就是尽管在此情形下系统B的利率和总货币收入肯定较低，但是减少的总货币收入低于赚取周薪者的收入减少的绝对额。这意味着能够用于雇用劳动力的货币更多，并且因为货币工资率固定，系统B的就业比系统A的就业更多。用同样的方法可以论证D_6为正，而不是为负。

第六节

我们已经注意到模型Ⅱ中D_3、D_4、D_5和D_6的符号不同于模型Ⅰ(A)中的情况，它们的符号不仅仅与表达式$\left\{\frac{\mathrm{d}}{\mathrm{d}x}\left(\frac{F}{F'}\right)-\frac{\mathrm{d}}{\mathrm{d}y}\left(\frac{\psi}{\psi'}\right)\right\}$为正或为负的情形有关，而且还依赖于该表达式充分大的程度。由于我们没有一般的理由认为消费产业和投资产业各自的生产状况存在这样的差别而不是那样的差别，并且也没有理由认为它们将存在任何实质性差别，还由于缺乏专门的知识，因此，尽管这里的理由非常不可靠，但是它使得相关的表达式取值很可能相当小——不管它为正还是为负——的说法真实可信；这意味着或许模型Ⅱ和模型Ⅰ(A)中D_3、D_4、D_5和D_6的符号将相同。这说明涉及模型Ⅱ的一般情形存在一定程度上模棱两可的可能。如果把我们的意见限定在一种特殊情形，就是消费产业和投资产业的生产情况完全相同，以致有$\frac{\mathrm{d}}{\mathrm{d}x}\left(\frac{F}{F'}\right)=\frac{\mathrm{d}}{\mathrm{d}y}\left(\frac{\psi}{\psi'}\right)$，这种情况确实存在。当然，对于更加特殊的情形$\frac{\mathrm{d}}{\mathrm{d}x}\left(\frac{F}{F'}\right)=\frac{\mathrm{d}}{\mathrm{d}y}\left(\frac{\psi}{\psi'}\right)=1$，也就是在消费产业和投资产业的相关范围内收益不变的情形，同样的结论也成立。我们发现尽管收益不变和模型

Ⅰ(A)假设的条件矛盾,但是模型Ⅱ容许收益不变。

(b)保持货币收入不变的银行政策

第七节

到目前为止,我们假设银行政策为正常政策。相反,如果银行政策的目的在于(成功地)保持货币收入不变,那么和正常银行政策下的情况一样,D_1 为负并且 D_2 为正。虽然,总的来说,其他 D 可能为正或负,但是,如果 $\frac{\mathrm{d}}{\mathrm{d}x}\left(\frac{F}{F'}\right)=\frac{\mathrm{d}}{\mathrm{d}y}\left(\frac{\psi}{\psi'}\right)$,那么它们都退化为零。对附录中的表Ⅵ进行检查能够清楚地发现确实如此。

(c)保持消费品价格不变的银行政策

第八节

除了消费产业收益不变的情形外,我们的分析和模型Ⅰ(A)的分析过程相同。

给定消费品价格,较高水平的货币工资率显然意味着更低的实际工资率;给定货币工资率,较高水平的货币收入函数也意味着较低的实际工资率。在完全竞争的条件下,我们发现递增收益和稳定均衡之间存在矛盾。由于目前我们排除了不变收益,故而仅剩下递减收益的情况。如果系统存在递减收益,那么显然较高的实际工资率肯定伴随着更低的递减收益,而更低的实际工资率肯定伴随着消费产业较多的就业。类似第四章第十一节和第十二节的论证过程表明，正如正常银行政策的情形那样，D_1 必须为负而 D_2 必须为正。

对于 D_3、D_4 和 D_5 来说，虽然正如模型Ⅰ(A)的情形那样，主要事实就是实际工资率可能不存在差别，但是在竞争的条件下，排除了不变收益，实际工资率不变意味着消费产业的就业量不变。实际工资率完全决定了就业量。因此，如果两个系统之间的总就业完全不同，那么只可能是由于投资产业的就业不同导致了两者之间的差别。基于上述分析，如果其他因素都相同，那么 D_3、D_4 为正、为零还是为负，要根据对于较高的利率，投资的劳动供给是更多、不变还是更少而定。在所有情况下，D_5 为正。D_6 由消费产业较高的劳动生产率函数决定，在这里假设的条件下，消费产业肯定需要更多的就业。我们容易得到 D_6 为正。因此，在正常的银行政策下 D_3、D_4、D_5 和 D_6 符号的不确定性，现在就不存在了。

第九节

虽然在前面几节中，排除了不变的物质收益，但是正如我们已经证实的那样，尽管消费产业不变的物质收益和模型Ⅰ(A)的条件矛盾，但模型Ⅱ容许存在消费产业不变的物质收益。如果存在消费产业不变的物质收益，那么对于成功保持消费品价格不变的银行政策来说，系统 A 和系统 B 都不能确定。因此，所有 D 的符号和数值也都不能确定。[①]

① 参见附录第七节。

第七章　模型Ⅲ

第一节

鉴于模型Ⅱ所进行的分析是按照所假设的(消费产业和投资产业相同的)完全竞争规则进行的,模型Ⅲ则推广到考虑不同程度的不完全竞争情况,两类产业都可能存在不完全竞争。因此,简单地说,去掉一般性后模型Ⅱ的公式就是模型Ⅲ的那些公式。

(a)正常的银行政策

第二节

虽然在模型Ⅲ中,货币工资率不需要和模型Ⅱ中的情况一样,必须等于每个产业的劳动边际产品的价值,但是模型Ⅲ和模型Ⅱ的不同不仅仅在于这一点,也在于另一方面。在模型Ⅱ中,正如我们在第二编第四章第九节中看到的那样,对于稳定均衡状态来说,消费产业和投资产业中劳动的边际生产率不能上升,也就是说,F'' 和 ψ'' 不能为正。在模型Ⅲ中,没有施加这个条件。对于稳定状态来说，并不必须有边际主要成本将下降或者至少不上升的条件。

第三节

虽然乍一看，似乎在模型Ⅲ中，D 表达式的分母不再和模型Ⅱ的情形一样，必须为正，但是它们也可能为正，也可能为负。当然，这意味着不能确定所有 D 的符号。因此，实际上，在模型Ⅲ中，对于正常的银行政策和保持收入不变的银行政策来说，所有情况都可能发生。但根据第二编第五章的分析，我们认为 $\left(\frac{\partial f}{\partial r}-\phi'\right)$ 、K'_1 和 K'_2 为正。由此可得，所有 D 的表达式的共同的分母，即 $\left\{K'_1\left(\frac{\partial f}{\partial r}-\phi'\right)+F'\frac{\partial f}{\partial F}(g'-K'_2\phi')\right\}$ ，肯定为正。

第四节

数学分析进一步表明，如果系统 A 和系统 B 的区别在于货币工资率和货币收入函数的水平不同，那么 D_1 和 D_2 表达式的分子和模型Ⅱ相同。因此，D_1 为负、D_2 为正。但其他 D 不是如此。我们发现模型Ⅱ中它们的分子的表达式为 $\left\{\frac{\mathrm{d}}{\mathrm{d}x}\left(\frac{F}{F'}\right)-\frac{\mathrm{d}}{\mathrm{d}y}\left(\frac{\psi}{\psi'}\right)\right\}$ ，而模型Ⅲ中其表达式非常复杂，为

$$\frac{\mathrm{d}}{\mathrm{d}x}\left\{\frac{F}{F'}\cdot\left(\frac{1}{1-\frac{1}{\eta_1}}\right)\right\}-\frac{d}{dy}\left\{\frac{\psi}{\psi'}\cdot\left(\frac{1}{1-\frac{1}{\eta_2}}\right)\right\},$$

其中，η_1 为 $m_6F(x)$ 的函数，η_2 为 $m_4\psi(y)$ 的函数。因此，在这个

模型中，出现了新元素，除了 D_1 和 D_2 外，其他 D 分子的符号，可以这样说，甚至比模型Ⅱ的不确定性更大。然而，通过引入消费产业和投资产业的生产和需求条件恰好相同的约束条件，正如那个模型中的情况一样，使得 $K'_1=K'_2$，从而确定了 D_3 和 D_5 的分子。因此，D_3 为正而 D_5 为负。然而，为了使得 D_4 为正而 D_6 为负，必须满足其他的约束条件。

(b)保持货币收入不变的银行政策

第五节

和正常的银行政策一样，D_1 为负而 D_2 为正。在一般情况下，所有其他 D 可能为正，也可能为负。如果我们引入约束条件 $K'_1=K'_2$，那么 D_3 和 D_5 简化为 0。为了使得 D_4 和 D_6 也简化为 0，其他的约束条件也必须满足。

(c)保持消费品价格不变的银行政策

第六节

对于保持消费品价格不变的银行政策来说，如果实际情况确实如此，那么 D_1 为负而 D_2 为正。如果其他因素都相同，较高的利率会引致用于投资的大量劳动供给，那么 D_3 和 D_4 都为正。D_5 为正，但 D_6 的符号不能确定。然而，当

$$\frac{\mathrm{d}}{\mathrm{d}x}\left\{\left(1-\frac{1}{\eta_1\{m_6F(x)\}}\right)F'\right\}=0$$

时，情况不确定，并且所有 D 的符号也不能确定，正如模型Ⅱ中消费产业的物质收益不变的简单情形一样。从本质上来讲，即使物质收益不变确实不成立，也没有什么能够阻止在相当大的范围内这个条件成立。当然，这个条件对 D_6 的意义和对其他 D 的意义不同。但是另一方面，正如第二编第二章第五节所讨论的那样，尽管有确定的理由认为实际生活中某些情况下期望物质收益不变，这也不能说明前面提出的复杂的人为设定的条件存在。

第八章　就业乘数

第一节

乘数，这个由凯恩斯提出的得到人们广泛应用的概念，在使用时，有不同的意义。[①] 尤其需要区分就业乘数与货币乘数：就业乘数是总就业的差额除以有关的投资产业中就业的净差额；货币乘数是总货币收入的差额除以有关的货币投资的净差额。虽然这两种乘数在某些条件下相等，但是在其他条件下，它们不相等。在本章中，我只考虑就业乘数；就业乘数与货币乘数之间的关系留在下一章中讨论。

第二节

我们很容易发现根据不同的情况，对于两个系统之间不同类型的差额，就业乘数的值有可能小于0、等于0、等于1或大于1。

---

① 在20世纪初，人们广泛地使用这个术语，用于表示国家中私有资本的总存量和每年遗产税税额之间的关系。

就业乘数小于 0 意味着在系统 B 和系统 A 之间，给定投资产业之间的就业差额，消费产业之间就业的不足要大于这个差额；就业乘数等于 0 意味着消费产业之间就业的不足等于这个差额；就业乘数等于 1 意味着与两个系统投资产业之间的就业超额或不足联系在一起的是两个系统消费产业之间的就业相等；就业乘数远大于 1 意味着与系统 A 相比，系统 B 投资产业的就业存在超额（或不足），同时消费产业也存在某个超额（或不足）。因此，为了使就业乘数等于除了 1 之外的数值，使得投资产业中的就业量发生变化的那些原因，同样也肯定会使得消费产业中的就业量发生变化。显然，0 和 1 是就业乘数中两个重要的数值。

第三节

在实际生活中，允许各个投资产业的规模不同，好像我们的模型没有考虑投资产业的规模；因此，这里给出一些警告是适当的。正如在我们的定义中明确表示的那样，就业乘数只是把总就业的差额和投资产业的净就业的差额二者之间联系起来。因此，知道了这些乘数的大小，我们并不知道如果两个系统的投资存在某个差额，那么总就业为多少，例如，两个系统因政府公共项目的投资而产生差额的情况。在某些情况下，政府投资越大，私人投资就会越小，其原因有二：一个原因是政府投资生产的产品与某个私人企业的产品进行竞争，会使得私人产业投资的预期利润直接减少——正如显而易见的那样，例如，如果政府投资建设一个大众鞋靴工厂；另一个原因就是政府提高利率，从而间接地抑制了所有私人产业的投资。因此，给定某个投资领域的就业差额，根据计算得到的某个就业乘数，要确定总就业，我们必须知道其他领域的就业受到的影响。

第四节

在某些关于“乘数”的讨论中，我们隐含着这样的假设，即如果两个系统投资产业的就业方面存在差额，那么有关的总就业差额通过某个唯一的乘数与这个差额相关；不管投资产业中超额就业是由什么引起的，这个乘数总相同。这个观点是完全错误的。希望随后的讨论以及附录中的相关表格能够解释清楚实际情况。正如前面的章节所进行的讨论那样，我们必须在正常的银行政策、保持货币收入不变的银行政策和保持消费品价格不变的银行政策等情况下，分别讨论会发生什么事情。因此，必须在我们的每个模型中区分分别会发生什么事情。正如讨论了 D 的各种情况一样，这里将讨论 M 的各种情况，我将从模型Ⅰ(A)开始，或者，由于模型Ⅰ(A)和Ⅰ(B)函数类似，我们从模型Ⅰ开始。

(a)模型Ⅰ

第五节

对于正常的银行政策，我们把六个乘数分成三对，发现 M_1 与 M_2 有相同的值、M_3 与 M_4 有相同的值、M_5 与 M_6 有相同的值。一般情况下，这几对乘数有完全不同的值。就供给投资产业的劳动量对利率的变化完全没有反应的特殊情况来说，前两对乘数的确相同——所提到的这个问题将会马上进行讨论。然而在任何情况下，前两对都不会与 M_5、M_6 有相同的值。相反，虽然所有其他乘数必须为正，但是 M_5 与 M_6 必须为负。如果我们回想一下前面第四章关于 D_5 和 D_6 的讨论，那么很容易发现这些符号不同的必要性。我们在那里得到尽管投资产业中更多的劳动需求与投资中更多的就业、更多的总就业有关，但是供给投资的就业意愿更大与投资产业的就业更多有关，且与总就业更少有关。因此，在前面的情形下，乘数为正；在后面的情形下，乘数为负。当然，这只是前面一般性结论的特殊例子。附录中的表Ⅶ给出了各种情况下所有 M 的实际值。

第六节

对于保持货币收入不变的银行政策来说，由于在模型Ⅰ中，赚取周薪者获得收入的比例不变，因此，如果货币工资率不变，那么总就业量也必然不变。由此可得，除了 M_1 与 M_2 外，所有其他乘数都减少为 0。对于 M_1 来说，系统 B 的货币工资率比系统 A 的货币工资率高。因此，在这两个系统中货币收入相同的情况下，对于我们的两类产业来说，系统 B 每类产业的就业都较少。于是，M_1 为正且大于 1。对于允许系统 A 和系统 B 有不同收入的保持收入不变的银行政策来说，显然和正常的银行政策一样，M_2 与 M_1 的值相同。

第七节

我们还要对保持消费品价格不变的银行政策进行讨论。在模型Ⅰ(B)的特殊情况下,D不能确定,当然,所有M也不能确定。除了这种情况,类似模型Ⅰ(B)和模型Ⅰ(A),M_1与M_2的值相等,这和正常银行政策下的结果相同。乍一看,这令人惊讶;但代数分析毫无疑问证明了这个结果。它们总为正且大于1。如果用于投资的劳动供给对于利息率的变化完全没有反应,那么乘数M_3与M_4都等于$\frac{0}{0}$,这是因为总就业的差额与投资产业中就业的差额都为零。如果用于投资的就业供给非常敏感,那么用于投资的总就业更多,用于投资的劳动需求函数或供给函数更扩张。但是,消费产业的就业量严格保持固定不变。由此可得,两个经济系统之间总就业的精确变化程度随着投资产业中就业的精确变化程度而变化。因此,M_3与M_4等于1。同理,乘数M_5也等于1。当用于投资的就业供给对于利率的变化没有反应或者非常敏感时,M_6和M_1、M_2一样,也为正且大于1。对于消费产业中的就业来说,它和投资产业中的就业一样,该就业规模越大,投资产业中劳动生产率函数扩张得越大。附录中的表Ⅸ列出了所有M的精确值。

(b)模型Ⅱ与模型Ⅲ

第八节

就消费产业报酬不变的情况来说，在模型Ⅱ和第三编第七章第六节命名为模型Ⅲ的情况下，保持消费品价格不变的银行政策使得所有乘数都不能确定。在此约束下，我们可以得到下面的结果。第一，在模型Ⅱ和Ⅲ中，乘数 M_1 和 M_2 与它们在模型Ⅰ中一样具有相同的值；对于三种银行政策来说，这个值都相同。第二，对于正常的银行政策以及保持货币收入不变的银行政策来说，在模型Ⅱ和模型Ⅲ的某种情形下，分别都有：$\frac{\mathrm{d}}{\mathrm{d}x}\left(\frac{F}{F'}\right)$ 与 $\frac{\mathrm{d}}{\mathrm{d}y}\left(\frac{\psi}{\psi'}\right)$ 相等且为正；K'_1 与 K'_2 相等且为正；乘数 M_3 与 M_5 尽管不像在模型Ⅰ中有相同的值，但是它们有相同的符号。第三，在同样的条件下，模型Ⅱ中 M_4 与 M_6 的结果相同，但模型Ⅲ中该结论不一定适用。第四，在模型Ⅱ与模型Ⅲ的一般情形下，我们记得对于正常银行政策以及保持货币收入不变的银行政策来说，D_3 到 D_6 的符号不确定。由此可得，相应的 M 的符号也不确定。第五，对于保持消费品价格不变的银行政策来说，除了分析不成立的那些情形，[①] 乘数 M_3、M_4、M_5 和模型Ⅰ中的那些乘数符号、数值都相同。M_6 也许有不同的值和不同的符号。

---

① 参见附录第七节。

(c)特殊情形

第九节

一些研究者认为供给投资的劳动量对利率的变化完全或几乎完全没有反应。凯恩斯似乎持有这种观点。如果这种观点正确，那么我们的乘数公式就会大大地简化。不仅是在模型Ⅰ(A)与模型Ⅰ(B)，而且也在更复杂的模型Ⅱ与模型Ⅲ中，对于所有三种银行政策来说，M_1 与 M_2 的值都减化为 $\left(1+\frac{1}{F'\frac{\partial f}{\partial F}}\right)$ ——除了使得所有乘数都不能确定的第三种情形以外。此外，对于正常的银行政策来说，M_3 在所有模型的所有情形下都减化为这个值；除了模型Ⅲ外，M_4 都减化为这个数值。当然，这并不是说可以认为 $\left(1+\frac{1}{F'\frac{\partial f}{\partial F}}\right)$ 是所有情况下的乘数。即使现在，在正常的银行政策下，M_5 与 M_6 在所有的情形下也有不同的值，并且在某些情形下，两者符号相反。此外，对于保持货币收入不变的银行政策和成功地保持消费品价格不变的银行政策来说，M_3 以及 M_4(在后一种情形下)也等于 $\frac{0}{0}$ 。也就是说，用于投资的劳动需求函数的差额和投资产业劳动生产率的差额与总就业的差额或投资产业中就业的差额没有差别。因此，即使我们讨论的特殊条件成立，对于所有的情形，仅有一个就业乘数适用的想法也是不正确的。不过，如果满足那个特殊条件，那么显然有表达式 $\left(1+\frac{1}{F'\frac{\partial f}{\partial F}}\right)>1$，并且该表达式的适用范围较广；一般情况下，该表达式在各种乘数中占据重要的地位，并且在那些可以确定的乘数中占据更加重要的地位。

第十节

这个事实的解释并不难。只要两个经济系统 A、B 之间生产技术条件相同，用于投资的劳动供给函数也相同，劳动的供给量对利率的变化不敏感，唯一存在相关性的就是投资产业的就业量与消费产业的就业量。无论其他平衡因素如何，保持某个因素不变，就不可能改变另一个因素；并且，如果某个因素发生给定程度的改变，那么另一个因素也必然发生某种程度的改变，不管改变的原因是什么都是如此。然而，当两个系统之间存在差别的原因在于用于投资的劳动供给函数自身不同时，即使供给对利率的差别完全没有反应，上面所说的唯一相关性也不存在。实际上，总就业仍然在每个给定的情况下，与用于投资产业的劳动供给存在唯一的相关性；但在不同的情况下，这种唯一的相关性也不同。对于 M_1、M_2 与 M_3 涉及的情形，总就业都是用于投资的劳动供给的相同函数；对于 M_5 与 M_6 涉及的情形，在系统 A 中总就业是一个函数，在系统 B 中总就业是另一个不同的函数。因此，对于三种银行政策来说，M_1 与 M_2 有相同的值，也就是 $\left(1+\frac{1}{F'\frac{\partial f}{\partial F}}\right)$；$M_3$ 要么等于这个值要么按照前面的解释等于 $\frac{0}{0}$ ；M_5 与 M_6 有不同的值；同时，M_4 可算作一种特殊的中间情形。

第十一节

然而，为了避免夸大表达式 $\left(1+\frac{1}{F'\frac{\partial f}{\partial F}}\right)$ 的重要性，必须提出警告。尽管我们出于纯粹的理论目的，假设用于投资的劳动供给对于利率的变化完全不敏感，但是如果我们的目的是为了模拟实际生活，那么我们在模型中就不能完全设定这个假设成立。这个假设不具有普遍的有效性。因为，如果这个假设成立，对于充分就业情形，除非投资量的确随着货币收入函数的波动而波动，否则无论投资的需求函数存在多大差别，投资量都将保持不变。

结论

第十二节

这里需要进行补充说明，我们所讨论的每个乘数可能都会随我们开始状态的不同而有不同的值。[①] 这是根据所涉及的函数二阶导数一般说来不为零这个事实得到的。此外，无论我们开始的

① 这意味着我们为现实世界成功构造的任何乘数，一般说来，在商业周期的不同阶段具有不同的值。

状态如何，我们的乘数仅直接与接近无限小的劳动投资的差额有关。因此，当把公式应用于较大的差额时，一定要格外注意。[①] 然而，我们期望所得到的关于几个乘数的符号以及关于它们是否大于 0 或大于 1 的结论，原则上对于这样的差额仍然成立。

---

① 参见第三编第一章第四节。

第九章　货币乘数

第一节

如果不使用精确的数学方法，那么我们很难明白上一章所讨论的各种乘数与相应的货币乘数之间的关系如何。此外，我们还处于产生严重误解的危险境地，这是因为随后的论证对我们有很大的诱惑。在模型Ⅰ(A)与模型Ⅰ(B)中，赚取周薪者获得收入的比例总是相同，和在消费产业和投资产业中一样，货币投资占总货币收入的比例与用于投资的就业占总投资的比例总相同。因此，在这些模型中，每个货币乘数肯定与相关的就业乘数相同。但是，这样进行论证就偏离了我们的乘数定义。乘数不是收入或就业除以相关的投资收入或投资就业，而是收入或就业的差额除以相关的投资收入或投资就业的差额。如果记住这一点，显然上面的论证就不成立。我们不能用那种直接简单的方式证明——即使在模型Ⅰ(A)中，实际上，这个结果也不成立，过一会就给出这个论证——所有的货币乘数与相关的就业乘数相同。这需要进行更难的分析。记住，货币乘数称为 N，而就业乘数称为 M。随后，我将忽略使分析不成立的特殊情形——也许除了模型Ⅰ(A)。有了这些认识后,和前一章一样,我从模型Ⅰ开始讨论。

模型Ⅰ

第二节

这里要讨论与货币工资率的差额有关的货币乘数 N_1 非常困难。没有理由期望 N_1 和与其相反的就业乘数 M_1 的数值相同。对于保持货币收入不变的银行政策来说,显然货币乘数将为零。同时,对于其他两种银行政策来说,其数值与 M_1 完全不同。和正常的银行政策及保持消费品价格不变的银行政策一样,货币乘数的表达式非常复杂;而且,对于这两类银行政策来说,适合表示它们的货币乘数的表达式几乎不相同。此外,对于这两类政策来说,N_1 的符号不确定。因此,在模型Ⅰ中,这个特殊的货币乘数 N_1 与相关的就业乘数之间的关系也不确定。然而,稍微考虑一下,就会发现其他乘数并不具有这样的结果。由于在这个模型中,赚取周薪者获得收入的比例不变,因此,如果在系统 A 与系统 B 之间的货币工资率与货币收入函数相同,那么货币乘数与就业乘数肯定也相同。也就是说,对于所有三类货币政策来说,N_3、N_4、N_5 和 N_6 及相应的 M 都相同。如果仅凭直觉不能发现这个结论,那么用代数方法可以很容易证明。此外,代数分析表明——远非仅凭直觉就能发现——对于三类银行政策来说,在模型Ⅰ中,N_2 与

M_2 相同。①

模型Ⅱ

第三节

当我们继续讨论下一个模型——模型Ⅱ时，我们会发现，对于三类银行政策来说，模型Ⅰ中 N_1 与 M_1 之间关系的难题在这里仍然存在。如果在第六章中占据重要地位的 $\left\{\frac{\mathrm{d}}{\mathrm{d}x}\left(\frac{F}{F'}\right)-\frac{\mathrm{d}}{\mathrm{d}y}\left(\frac{\psi}{\psi'}\right)\right\}$ 等于 0，那么其他的所有三个 N 与相应 M 的数值相同。在模型Ⅱ的一般情况下，对于正常的银行政策来说，关于任何 N 与任何 M 之间的关系没有清楚的结果。但是对于正常的银行政策来说，N_2、N_3 与 N_4 为正，N_5 与 N_6 为负；对于保持货币收入不变的银行政策来说，除了 N_2 外，所有其他的 N 都等于零；然而，对于保持消费品价格不变的银行政策来说，N_2、N_3、N_4、N_5 与 N_6 为正，N_3、N_4 与 N_5 等于相应的就业乘数。

---

① 如果用于投资的就业供给对利率的变化完全没有反应，那么 N_3（和 N_4）与 M_3（和 M_4）相同，这两个值都等于 $\frac{0}{0}$。因此，从数学的角度看，可能称 $\frac{N_3}{M_3}$ 与 $\frac{N_4}{M_4}$ 不确定，而不是等于 1。最基本的事实就是，当 m_3 和 m_4 变化时，投资就业、货币投资、总就业以及总货币收入保持不变。

模型Ⅲ

第四节

在模型Ⅲ中，对于三类银行政策来说，N_1 与 M_1 的关系比模型Ⅱ中它们的关系更复杂。对于三类银行政策来说，只要有 $K'_1 = K'_2$，N_2、N_3 和 N_5 与相应的 M 就相等。在模型Ⅲ的一般情形中，除了对于正常的银行政策来说，N_4 的符号不确定外，第三节模型Ⅱ的一般情形下得到的那些结论仍成立。[①]

① 参见附录中的表Ⅱ和表Ⅵ。

第十章 保持利率不变的银行政策的情形

第一节

我们没有讨论保持利率不变的银行政策对 D、M 与 N 取值的影响，而是像第三章第六节预测的那样，留作单独一章进行讨论。其原因就是对于其他三类银行政策来说，我们所提出问题的答案通常根据不同模型和每个模型的不同情况而有所不同。对于保持利率不变的银行政策来说，所有的 D 与 M 在所有情况下都相同，所以没有必要分析各种模型的不同。虽然对不同模型来说，某些 N 实际上有不同的值，但是正如我们将要发现的那样，我们可以用很小的篇幅讨论这个问题。我将首先考虑 D 和 M，然后考虑 N 。一般说来，除了系统 A 与 B 的货币收入函数存在不同的情形外，保持货币利率不变的条件也许可以表示为 $g'(r)$ 为无限。

D_1 与 M_1

第二节

保持利率不变，显然如果用于投资的劳动需求函数、用于投资的劳动供给函数与消费产业和投资产业的劳动生产率函数都给定，那么用于投资的劳动量保持不变，因此（考虑到利率不变），投入消费的劳动量作为利率的函数，也不能改变。这意味着尽管系统 B 与 A 的货币工资率之间存在差别，但是与其相随的总就业之间没有差别。因此，D_1 为零。这样的话，根据这个关于银行政策的假设，那些认为货币工资率的差额与货币收入、货币价格存在等比例差额有关而就业不变的人所持的观点是正确的。从以上论述中，我们可以立即得出 $M_1=\frac{0}{0}$。

D_2 与 M_2

第三节

当我们说到系统 A 的银行政策目的是为了保持利率不变时，这就意味着任意货币收入与给定的利率都相匹配。因此，如果我们把我们的条件解释为需要系统 B 的利率和系统 A 的利率相同，那么 D_2 一定为零并且 M_2 一定为 $\frac{0}{0}$。然而，让我们再给出另一种解释。我们想知道如果系统 A 的固定利率取某个值，而系统 B 的利率取另一个不同值，那么就业差额为多少，乘数为多少。对于更高的利率来说，投资产业就业更少，并且，消费产业也是如此。也就是说，D_2 为负。而 M_2 为正并且远大于 1。[1]

D_3 、D_4 和 M_3、M_4

第四节

给定所有其他的平衡因素，如果系统 B 中用于投资产业的劳动需求函数比系统 A 中的劳动需求函数更高，那么由于利率不变，与系统 A 相比，系统 B 中投资产业一定有更多的就业，并且这意味着系统 B 中消费产业也有更多的就业。因此 D_3 为正。通过同样的推导，可以证明 D_4 为正。根据前面的论述，可以得到 M_3 与 M_4 远大于 1。它们相等，取值为 $\left(1+\frac{1}{F'\frac{\partial f}{\partial F}}\right)$，这个式子我们在第八章已经非常熟悉了。

D_5 、D_6 和 M_5 、M_6

第五节

给定所有其他因素，如果系统 B 中用于投资的劳动供给函数

① 参见附录中的表Ⅲ和脚注。

比系统A中的更大，由于保持利率不变，那么在两系统之间投资产业的劳动需求量不可能不同。因此，投资产业中的就业也不可能不同。然而，两个系统用于投资的劳动供给函数不同意味着尽管两个系统投资产业就业相同，但是系统B消费产业的就业一定更少。由此可得 D_5 为负。通过同样的推导，可以得到 D_6 为负。根据前面的论述，可以得到 M_5 为无穷大；并且容易证明 M_6 也有同样的结果。

N

第六节

正如第一节已经简要提出的那样，所有 D 与 M 的值在我们模型中的所有情况下都相同。对 N_5 与 N_6 来说，这个结果也成立，它们等于相应的 M 的值，为无穷大。N_1、N_2 与 N_3 为正，并且在所有模型中都远大于1；但在不同模型中它们的数值不同。[①] N_4 也许大于 N_3，也许小于 N_3，也许小于1，甚至为负。

① 把本章内容与附录中的表Ⅳ及其相应的注释进行比较，构成了本章的总结。

第十一章　失业救济金

第一节

到现在为止，我们还没有考虑这样一个事实，就是在所有情况下，通常那些失业者获得的救济金都以部分地损害非赚取周薪者为代价。这不仅仅出现在失业保障和救助法律体系建立之后，而且它以这样或那样的方式随处发生——有的是通过私人捐助的途径，有的是通过贫困法的途径。的确，我们能想到尽管不太可能，但是也可以建立这样的失业保险体系，即每年对所有赚取周薪者征收一定的税，为那些失业者建立一个基金，这使得非赚取周薪者缴纳的税费比没有这样的法律体系建立前要小。然而，为了我们目前讨论更方便，假设那些非赚取周薪者通过类似英国实际上已经建立起来的这类有组织的系统缴纳税费。我们根据雇主和工人缴纳的税费多少仔细研究，发现英国系统的影响非常复杂。然而，英国系统的主要特征就是，通过这个系统，大量的消费品从非赚取周薪者转移到失业者，并且失业严重时与失业较轻时相比，转移的总量更大。让我们忽略第二个问题，把注意力集中在这个特征上。

第二节

我们将考虑两个问题。首先，在前面章节中涉及的所有相关函数都给定的情况下，如果给失业者设定某项约束规定，或者从非赚取周薪者的角度看用代价更高的规定代替代价不高的规定，那么这是否会引起总就业存在差别？如果有，那么这个差别有多大？其次，当两个经济系统在本编已经研究过其影响的六个方面都存在不同时，出台一项失业救助法案，对相关的总就业差别有怎样的影响？我们不得不就四种主要的银行政策提出并回答这两个问题。

第三节

作为解决这两个问题的准备工作，我们肯定会注意到，如果没有失业救济金，那么有些人就会找工作并开始工作，而失业救济金的存在可能导致这些人以这样或那样的理由不去工作。我们相信由此导致的自愿失业可能非常多，以致尽管劳动力是完全流动的，但登记在册领取救济金的大量失业者和大量劳动力短缺会同时存在，而雇主会有比就业者所能够填充的更大量的职位空缺。如果规定失业救济金率为工资率的二到三倍，那么实际上，这种矛盾的情况大概本身就成立了；直到提高工资率或降低救济金率，这种情况才不成立。然而，只要福利体系的存在不会创造足够的自愿失业而造成劳动力短缺，任何的确发生的装病逃避工作的行为仅会使得特定的某些装病逃避工作的人包含在失业中；这不会影响就业总人数和失业总人数。因此，我不会就这个问题再进行讨论。

第四节

明白了这些问题后，我们对这两个问题进行的第一步分析如下。迄今为止，我们把用于投资的劳动供给表示为利率和消费品总收入的函数。然而，正如第二编第十一章第十三节明显指出的那样，这里重要的不是消费品总收入。对于收入很少的人来说，只会处于得到收入但不会有储蓄的状态，因此，他们不会对雇用用于投资的劳动力做出任何贡献。对于我们前面的讨论来说，这并没有问题，因为相关的消费品收入本身直接就是总消费收入的函数。然而，这里这个问题有重大影响。由非赚取周薪者转移给失业者的支付显然与消费品收入无关。因此，我们感兴趣的那一类救济金系统的建立或放宽限制范围需要相关的消费品收入总是比相反情况下少，并且失业越多，消费品收入越低。

第五节

在这个分析的基础上，我们对两个问题中的第一个进行更具体的分析。我们假设所有其他平衡因素都相同，系统 B 有失业救济金系统而系统 A 没有，或者系统 B 的失业救济金系统的限制更宽松——这是从由非赚取周薪者转移到每个失业者的支付更多的意义上来说的。由于这样转移的消费品收入与投资无关，因此，这样的转移对总就业量的影响肯定与给定利率下，整个社会愿意进行的储蓄更少造成的影响类似。于是，我们问题的答案早已蕴含在前面章节关于 D_5 的符号的讨论之中。然而，将几部分的讨论结果汇集在这里更方便。

第六节

首先，对于正常的银行政策来说，即 g' 为正，但不是无穷大时，模型Ⅰ中救济金的净影响，或者以损害非赚取周薪者为代价提高失业救济金比率的净影响，都对总就业有利；不管对用于投资的就业造成怎样的破坏，都肯定超过给消费产业就业带来的好处。虽然在模型Ⅱ中，其影响可能有利，也可能不利，但是按照第三编第六章第六节的推理方法，其影响更可能有利。在模型Ⅲ中，由于增加了不确定性来源，因此没有给出解决该问题的一般方法。

其次，对于保持货币收入不变的银行政策来说，在模型Ⅰ中，由于已就业的赚取周薪者获得收入的比例固定，因此只要货币工资率不变，那么显然，由非赚取周薪者转移到失业的赚取周薪者的支付的多少，对于总就业来说不会产生什么影响。这样的话，提供失业救济金或者更高的救济金率对总就业没有影响。在模型Ⅱ中，我们可以证明（参考附录中的表Ⅵ），$\left\{\frac{\mathrm{d}}{\mathrm{d}x}\left(\frac{F}{F'}\right)-\frac{\mathrm{d}}{\mathrm{d}y}\left(\frac{\psi}{\psi'}\right)\right\}$ 为负还是为正，决定了总就业会受到有利还是不利的影响。在第六章中，我们发现有相同的条件，使 D_5 与 D_6 为正或者为负。我们没有找到一般原因能够假设 $\frac{\mathrm{d}}{\mathrm{d}x}\left(\frac{F}{F'}\right)$ 与 $\frac{\mathrm{d}}{\mathrm{d}y}\left(\frac{\psi}{\psi'}\right)$ 有明显的不同。因此，我们的结论就是可以认为对于失业者领取救济金的约束规定或提高救济金率都会对就业量造成有利或不利的影响。根据相关证据，虽然这两种影响都有同样的可能性，但是在任何情况下，其影响都不可能很大。在模型Ⅲ中，不存在解决该问题的一般方法。

再次，对于保持消费品价格不变（因此实际工资率也不变）的银行政策来说，救济金系统或领取救济金约束条件更少的救济金系统的存在，虽然使得消费产业中就业量不受影响（除了不确定的情况外），但却使得投资产业中就业更少。因此，与模型Ⅰ中正常的银行政策下发生的情况不同，它对总就业不利。对于所有模型来说，这个结果都适用。

最后，对于保持利率不变的银行政策来说，即当 g' 为无穷大时，在所有模型中，失业救济金的存在会对总就业产生有利的影响。

第七节

开始我们似乎认为第二个问题也一定有一个很长的答案。因为，既然我们已经分辨出了六种不同的影响因素，相应地应有六个小标题。然而，实际上，不需要进行非常详尽的讨论。我们从这样一个事实开始讨论：无论何种原因，当系统 B 与系统 A 相比失业更少时，系统 B 需要对失业者进行的支付也更少。因此，无论什么原因导致了就业更多，由于这使得与消费品收入相关性更强，从而也导致了在给定利率的条件下，愿意用于投资的劳动供给更多。

对于正常的银行政策来说，这意味着模型Ⅰ肯定存在、模型Ⅱ可能存在这样的结果，就是如果针对失业的规定存在，那么每个扩大(或紧缩)就业的影响因素,会起反作用;此外,这种影响因素的作用越强,协议规定的制定就越自由。因此,对于正常的银行政策来说,救济金法案的影响在模型Ⅰ中肯定存在、在模型Ⅱ中可能存在这样的结果,就是缩小了两个系统总就业的差别——无论这两个系统在哪些方面存在不同。D_1、D_2……D_6 都会比没有救济金法案时更小。① 在模型Ⅲ中,我的第二个问题的答案和第一个问题一样,也是不确定的。

对于保持货币收入不变的银行政策来说,在模型Ⅰ中,D_3、D_4、D_5、D_6 都为零。因此,就这些变量来说,不存在使其变小的因素,并且也不会发生变小的情况。对于 D_1 和 D_2 来说,和正常银行政策下的情况相同,显然在模型Ⅰ中肯定存在、在模型Ⅱ中可能存在同样的缩小。

对于保持消费品价格不变的银行政策来说,我们所有模型中救济金法案的影响与正常银行政策下模型Ⅰ中的影响相反。这样的法案的存在没有降低而是扩大了两个系统之间总就业的差别。在我们所有的模型中,D_1、D_2……D_6 都要比没有法案时更大。

最后,对于保持利率不变的银行政策来说,$D_1=0$,因此,就此来说,不可能再降低了。在所有模型的其他情况下,救济金法案的制定都有降低效应。

① 通过这个分析,我们假设货币收入函数 g 不受影响。当失业变得严重时,政府会在给定利率的条件下,让银行系统创造更多的货币量为自己融资,这将使函数 g 变大,这种情况会发生吗?有证据表明,如果这个函数随着失业的增加或减少而变大或变小,则需要引入一个新的影响因素,以进一步强调这是减幅过程的结果。

第十二章　生产周期

第一节

严格地说，正如第二编第二章所指出的那样，消费产业和投资产业情况一样，货币工资率是某个劳动边际产品价值的特定函数：为了进行贴现，在一种情况下除以$(1+rh_1)$，在另一种情况下除以$(1+rh_2)$，其中r是年利率，h_1和h_2分别为消费产业和投资产业的生产周期，以年为单位，用分数表示。到目前为止，我们的整个分析都假设h_1与h_2非常小，以至于可以认为$(1+rh_1)$与$(1+rh_2)$都等于1。现在，我们必须研究如果去掉这个假设，用一个更精确地反映了现实生活情况的假设代替，那么多大程度上并且在哪些方面需要修改我们所得到的那些结论。我不会花费力气去讨论h_1与h_2不同时的情况，但是我愿意讨论它们相同并记作h时这种简单的情况。

第二节

问题的本质是这样的。在所有情况下，附录中给出的公式仍然成立。虽然当 $h=0$ 时，函数 $g(r)$ 表示总货币收入，前面章节在此基础上得到的那些结论都正确，但是，当 h 为正时，函数 $g(r)$ 不表示货币收入。货币收入用另一个函数 $w(r)$ 来表示。对于 r 的所有值，有方程 $g(r)=\frac{w(r)}{(1+rh)}$，因此，$w(r)$ 与 $g(r)$ 有关。于是，使 g' 为正、零和无穷大或者使消费品价格保持不变的条件，对于 $\frac{\mathrm{d}}{\mathrm{d}r}\left(\frac{w(r)}{(1+rh)}\right)$ 来说，结果也成立。现在，如果 ε 表示货币收入对利息率的弹性，那么有

$$g'=\frac{\mathrm{d}}{\mathrm{d}r}\left(\frac{w(r)}{(1+rh)}\right)=\frac{w(r)}{(1+rh)}\left(\varepsilon-\frac{rh}{1+rh}\right)。$$

当然，在实际生活中，商品不同，h 也不同。但是，我们有足够的理由认为英国和美国的总经营资本（生产过程中物品的价值）等于五到六个月的收入，总流动资本（库存或商店中商品的价值）等于几周或者几个月的收入。[①] 这意味着生产周期（从代表性工人开始工作到该工人生产的产品销售给最终购买者的时间间隔[②]）稍多于六个月——我们把它算作六个月。我们把 r 的初始值，例如在系统 A 中取为 4%。在这些条件下，由于 g' 为正意味着 $\varepsilon>\frac{1}{51}$，而 g' 为零意味着 $\varepsilon=\frac{1}{51}$。由此可得，当 $h=0$ 时，对于正常的银行政策来说，我们得到的关于几个变量 D、M 与 N 的符号的结果仍

① 参见 Keynes, *Treatise on Money*, Vol. ii. pp. 107 and 134。

② 这个销售日期不是销售给经销商的日期，而是取一个适当的日期，因为根据我们的定义，货币收入等于最终购买者的支出。

成立；当 $h=\frac{1}{2}$ 且 r 的初始值为 4%时，对于保持货币收入增长的银行政策来说，如果 r 提高 1%，则货币收入增长超过 $\frac{1}{51}$。同理，当 h 为零时，在保持货币收入不变的银行政策下那些变量的符号，现在在使货币收入增长正好为 $\frac{1}{51}$ 的情况下，仍保持不变。此外，无论何时在我们包括 g 的表达式中，g 都不是货币收入，而是货币收入除以（$1+rh$），例如除以 1.02。

第三节

我们还有一个问题没有讨论。对于保持消费品价格总水平不变的银行政策来说，此时相应的结论是什么？当 h 为有限值时与当 $h=0$ 时的政策有相同的影响，都是保持价格除以（$1+rh$）不变，而不是恰好保持消费品价格不变。因此，在模型Ⅱ中，当这个条件成立，而不是保持消费品价格本身不变的条件成立时，消费产业不变报酬的存在将使得就业量不确定。

第十三章　垄断政策

第一节

在本编第一章第二节中，我们曾提到直到最后一章才考虑不同情况下经济系统存在程度不同的垄断行为对这些差异的影响。现在必须就这个问题进行简短的讨论。

第二节

在我们整个讨论过程中，尽管我们论证了提供给投资的劳动供给只取决于利率和消费品总收入，但是没有考虑这些总收入在财富不同的人群中的分配方式如何。长期以来，赚取周薪者和非赚取周薪者的收入占比保持高度稳定，从而保证了这种简化方法的有效性。① 然而，本编第二章表明，富裕的人所控制的实际收入与用于投资的劳动供给的相关性，比相对贫穷的人所控制的相同数量的实际收入与用于投资的劳动供给的相关性更强。因此，概

① 参见第三编第三章第三节。

括地说，任何提高非赚取周薪者的实际收入比例的因素都会影响用于投资的劳动供给的增长，并且也会降低利率，降低货币收入量，降低就业量。因而，产业中的垄断行为，通过使实际工资率低于工人的边际产品，以牺牲赚取周薪者的利益为代价使得非赚取周薪者获得了利益。因此，把垄断活动引入产业，或者垄断程度的加强，在其他因素不变的情况下，肯定会通过减少货币收入而减少就业。

第三节

因此，对就业——对就业乘数也同样成立——来说，在其他因素不变的情况下，产业中垄断程度的提高对它的影响与货币工资率提高对它的影响相同。总有一些提高垄断活动程度的新措施会抵消给定的货币工资率降低对就业造成的影响；反之也成立。为了达到给定的就业水平，如果垄断程度大于就业水平低时的垄断程度，我们就必须降低货币工资率；或者，如果货币工资率高于就业水平低时的货币工资率，我们就必须降低垄断程度。

第四节

然而，与在状况好的时期相比，人们在状况不好的时期更热衷于增强产业的垄断程度；所以，如果由于投资对劳动的需求减少导致货币利率下降，进而造成总货币收入减少，就会增强垄断程度。因此，与给定用于投资的劳动需求波动相关的就业波动，同在任何时候都没有垄断压力或垄断压力总相同的情况下的波动相比，波动程度更强。

第五节

我们还应该注意到另一个问题。开始我们似乎认为，由于当垄断政策实施时，垄断政策的操控者享有特殊的利益，考虑到这一点，能够利用一种缓冲方法消除对货币工资率施加的影响，因此，实施这些方法不会带来价格提高或就业减少。这是一种误解。如果货币工资率的增长伴随着垄断压力的停止，并且如果货币工资率的增长在一定程度之内，那么这两种变化会相互抵消，这确实成立。但是，如果垄断压力仍然存在，那么它提供给操纵者特殊利益并不意味着可以稍微提高一下货币工资率而不会对价格或产量产生影响。相反，这肯定会带来价格的上涨和就业的减少。

第四编

短期流动均衡的扰动

第一章　导论

第一节

在第二编中，我们主要关心的是为了使系统处于短期流动均衡所必须满足的那些条件，以及把这些条件与就业量联系起来的方式。在第三编中，我们研究了当两个系统中每个相关函数或者我们识别出的那些平衡因素之间存在差别时，这些差别与就业量的差别有怎样的关联，以及各种情况下总就业之差和投资产业就业之差的比例——凯恩斯称之为乘数。我们需要在两方面进行补充研究。

第二节

首先，假设当处于短期流动均衡的系统中某个给定的函数按照某种给定的方式发生变化时，最终会产生一个新的系统，该系统也处于短期流动均衡状态，与初始系统相比，除了给定的函数存在差别之外，两个系统完全相同。那么，在新的均衡状态达到之前，在这个变化过程中——该过程必须包括短期流动非均衡的时间间隔——发生了什么？其次，在什么情况下，我们有理由相信：如果处于短期流动均衡的系统中某个给定的因素按照给定的方式发生变化，那么实际上会出现这样一个新的系统，该系统与初始系统的差别仅在于该因素的不同，而不受任何累积反应的影响，[①]比如，类似对于就业的影响？

第三节

就系统之间各种因素存在差别的情况分别解答这些问题将是一件烦琐而又笨拙的任务，并且还涉及大量重复性的工作。因此，我打算本编不泛泛地讨论这些问题，而仅仅就一种因素发生变化的情况进行讨论，也就是商业信心变化导致的影响。这样，从纯粹抽象的理论观点来看，简化为我谈到的用于说明的某种特殊情况。然而，我认为大多数经济学家的意见就是短期内这类扰动在实际生活中起了主要的作用。在随后的章节中我将尽力在某种程度上证明这种观点。如果这是正确的，那么从实际可行的角度来说，我们的研究将不仅仅是说明性的。然而，由于这个分析是在模型框架之内进行的，它不仅假定了劳动力具有完全的流动性，而且也要求各类消费品的相对价值以及各类投资品的相对价值都保持不变，并且我们将不讨论产业波动这个更大的问题——这超出了我们研究的范围。

---

① 我们在第六章中讨论过这种反应，当然，这种反应和某个控制因素（例如用于投资的劳动需求函数）变化引起的另一个控制因素（例如货币工资率）变化所导致的反应不同（参见第三编第一章第三节）。

第二章　引起变化的主要因素

第一节

在我的著作《产业波动》(1927)中，根据1914年前的统计数据图，我发现对英国来说，就业与货币短期利率之间存在密切正对应关系。[①] 这表明短期变化背后的主导因素不在于实物生产率的变化。这还表明它确实不在于"货币方面"的运动，仍然存在其他更强的因素。因为假如真是这样，那么无论是中央银行储备的黄金数量发生变化，还是储备政策发生变化，货币短期利率与就业之间

---

① 此处，引自该书第32页图的说明。在这类统计数据中，有理由认为B后面的滞后变量为A，而实际上，A有时在B之后，有时在B之前。在这些情况下，相关系数往往大大低估了两个序列之间重要的密切关系，而使用图形进行比较可能使这种关系清楚地显露出来。此外，正如货币短期利率和就业之间的关系，相关系数本身就非常大。罗思巴斯(Rothbarth)先生计算了这些相关系数，结果如下：

贴现率和就业

时期	相关系数	可能的误差
1880—1895	0.53	—
1896—1913	0.43	—
1880—1913	0.48	0.15
1924—1936	0.55	0.16

的相关关系肯定为负，不能为正。我认为："因此，在认识到商人预期的变化可能部分是他们自身对诸如好收成和坏收成的心理反射反应（事实上，就目前对这些变化的预期是如何发生的所进行的研究来说并不是这样）的同时，我们可以肯定地认为，正是它们而不是别的因素，构成了产业波动即时的、直接的原因或者产业波动的先行因素。"①因为劳动报酬是现时支付的，而产生收益则是在未来，有时很遥远，所以这个结论似乎非常明显。当然，商人在进行预测时会笼罩在巨大的不确定性之下。他们因政治事件的发生形成形势不安全的判断，这些政治事件可能会破坏他们的计划；并且，小发明和大众偏好或者货币政策较小的改变，都可能造成同样的结果。但不完全的数据和面临不确定性的困境，也不会阻止他们进行决策。通常就业变动背后的直接原因在于商人对于未来前景预期的变化，或者我们使用一个不精确的术语，叫作商业信心。

第二节

虽然商业信心的这些变化不是零星产生的，但是人们发现这些变化在几年的时间里逐渐地由强到弱。此外，根据它们自身表现出来的事实，显然尽管经过下降转折点后有时可能快速地变弱，但是经过上升转折点后几乎总是很慢地变弱。熊彼特（Schumpeter）教授的分析清楚地表明情况可能就是如此。他写道："每一个人只有当他实际实施'新组合'时才是企业家，一旦他建立起自

① *Industrial Fluctuations*, 2nd edition, pp. 33—34.

己的企业，像其他人经营各自的企业一样，开始专心经营他的企业，他就丧失了企业家的特征。”[①]他指出只有少数人具有这种领导素质，即实际上引入和进行“新组合”的素质，这与发明它们是完全不同的素质。“然而，如果有一个和几个企业家取得成功，那么许多困难就会迎刃而解。在当前成功可以实现的条件下，其他人会跟随这些先行者，这是显然的。而他们的成功又更容易让更多人跟着做，直到这种创新变成人们普遍熟悉的自由选择的事情……因为，正如我们所看到的那样，企业家的能力和其他能力一样，根据误差分布定律，在同一种族内分布，在这方面如果逐步降低标准，满足标准的人数就会持续递增。因此，忽略例外情况（例如，黑人中有少数人是欧洲人），随着持续不断地减轻这项工作，会有更多人成为企业家。因此，一个企业家取得了成功，紧随着的不单是出现其他企业家，而是甚至可能出现大量企业家——尽管随后出现的企业家能力稍逊……现实情况还揭示了每一个正常的繁荣都开始于一个或几个产业部门（铁路建筑业、电力业、化工业等等），以及繁荣的特征来源于开始进行的产业创新。但是，先行者不仅在他们首先出现的生产部门中为其他人消除了障碍，而且，由于这些障碍的性质，也消除了其他部门中的障碍。”[②]

第三节

我们还需要增加进一步的说明。由于技术原因，在商人信心

① *The Theory of Economic Development*, p. 78.

② *The Theory of Economic Development*, pp. 228－229.

的上升、下降以及实际现象完全显现之间肯定有一定的滞后。其原因就是许多建造业工作的早期阶段具有这样的特点，就是相对来说只能雇用少量的工人。因此，当造一艘船时，首先摆放龙骨，只需要很小的地方进行工作即可。随着工程的进行，需要占用越来越大的地方，工作的工人数量也会相应增加。首先出现的是少部分的先锋部队，在弄清楚障碍之后，随后而来的是大部队。同样，如果造船率下降，首先受影响的是少部分刚开始建造新船的人。在实际中，考虑这种因素非常重要，需要专家研究这个问题。

第四节

我们刚开始可能认为，如果上述解释是正确的，那么就业和货币短期利率之间的正相关关系，应该比它的实际值更大，应该不会出现低就业和高利率相伴以及高就业和低利率相伴的情况。然而，只有在商业信心的变化不仅是引起英国产业波动的主要原因而且是唯一原因时，这种情况才会出现。当然，实际上，一个向上运动可能由某些因素引起，比如说，因为世界其他地区发生某些事件导致黄金涌入。在这种情况下，根据1914年前的金本位制度，额外的黄金将提高货币收入函数，从而改进就业，这与实际投资需求情况完全没有关系；当然，货币收入函数的提高与异常低的货币短期利率有关。因此，第一节末尾得到的那个一般结论完全成立。隐藏在产业波动背后的主导因素，就是商人预期的变化，也称作商业信心，如果我们愿意，还可以称作（给定数量）资本的（期望）边际效率。

第五节

这些商业信心的变化表现在用于投资的劳动需求函数的变化中——主要是建造业工程的投资。因此，1825 年达到顶点的繁荣的主要特征就是对于墨西哥的矿山和最近脱离了西班牙统治的南美洲国家其他企业的投资。1833—1836 年间，英国和美国进行了大量铁路建设投资。1847 年发生的经济危机与英国铁路建设极快地繁荣有关——流入铁路建设的资金从 1844 年的 700 万英镑上升到 1847 年的4,000万英镑。1857 年发生危机之前，我们在美国铁路上进行了大量投资，还出口了很多原材料。19 世纪 60 年代早期英国掀起了另一场铁路建设高潮，70 年代早期美国也出现了铁路建设高潮。随着阿根廷对铁路建设进行了大量投资，发生了霸菱危机(Baring crisis)。20 世纪初，电力企业有了巨大的扩张，尤其是在德国；1907 年发生的危机始于美国，然后在德国同样发生。因此，产业扩张基本上总是表现为生产方法建设的扩张。选择什么样的生产方法视情况而定。“19 世纪初，是缝纫和纺织的生产方法，总之，就是所有纺织机械；随后就是铁路和铁路物资，以及代替木船的钢铁轮船；今天，是电能和多种工业应用，如电车、电气化铁路、电锅炉、电灯等等。”[1]但是，在不同的时期总有某种主导的建设方式。因此，杰文斯(Jevons)写道，“繁荣时期的特点

① 参见 Lescur, *Les Crises generals et periodiques*, p. 413。

就是投入到永久和遥远投资的资本与那些暂时投资、很快就能回笼的资本之比”[1]增加。而罗伯逊教授发现:“产业繁荣的最重要特征就是使用了异常大比例的过去的积累和当前生产的可消耗物品,其目的不是为了引致其他可消耗物品的生产,而是为了引致生产建设性物品的生产。”[2]罗普克(Röpke)教授也写道:“经济周期和经济危机的历史再次告诉我们,每次繁荣的特征表现为投资的跳跃式增加,并且通常都与某些确定的技术进步有关。实际上,几乎所有现代技术进步的开端——铁路、钢铁业、电力业、化工业和最近的汽车业——都能追溯到投资的迅速发展。似乎我们的经济系统对某些技术进步刺激的反应,就是为了尽可能在最短时间内把技术进步应用到各个行业,而把所有内部资源都及时、完全地动员起来。”[3]汉森(Hansen)教授有力地证实了这些结论。他的研究表明,从 1921 年到 1937 年,美国普通商业投资大致与消费同步,而非商业投资,尤其是住宅建筑和公共建筑投资,则经历了大幅度的波动。[4] 但这不是投资类型的变化,而是商业信心或预期的变化,这是我们主要关心的问题。最基本的事实在于,这种信心或者这些预期的变化主要表现为用于投资的劳动总需求函数的变化。

---

① Jevons, *Investigations in Currency and Finance*, p. 28.

② *A Study of Industrial Fluctuations*, p. 157.

③ *Crises and Cycles*, p. 98.

④ *Full Recovery or Stagnation*, pp 293 and 296.

第六节

我们有理由相信，对于正常的银行政策来说，它们也表现为货币收入函数的上下波动。因为信心的增强有望降低以货币形式持有大量实际余额的愿望；换句话说，减少流动性愿望；用另一句话说，就是在任何给定利率水平上增加了货币的收入速度。

第七节

我们还需要考虑第三种趋势。众所周知，繁荣时期与其他时期相比，工人为了提高货币工资率，工作更努力，并且也更可能达到目标。这意味着商业信心向上、向下的变化会间接导致货币工资率相同的变化。

第八节

我们在第三编第四章到第七章和第十章中，详细地研究了两个处于短期流动均衡的系统之间，在用于投资的劳动需求函数、货币收入函数状态、货币工资率方面存在差别时，就业所受到的影响。我们发现，在其他因素都不变的前提下，虽然在所有情况下，较高的货币工资率与较低的就业量有关，较高的货币收入函数与较高的就业量有关，但是用于投资的较高的劳动需求函数可能在某些情况下与较高的就业量有关，而在其他情况下，与较低的就业量有关。因此，不可能推导出一般性的结论。然而，根据英国的经验，毫无疑问商业信心的扩展，除了与用于投资的劳动需求函数、货币收入函数和货币工资率的提高有关外，还与总就业的增加有关；并且商业信心的扩展与货币收入函数向上变化的相关性加强了这种效应；而相关的货币工资上涨的趋势则阻碍了这种效应。

第九节

如果我们敢于冒险，那么我们可以假设货币收入函数的变动和货币工资率的变动大致能够互相抵消。但没有证据表明这个非常方便的假设符合事实。因此，我们不能证明用于投资的劳动需求函数的变动是导致短期就业变化的主导因素。因此，对英国来说，在各种情况下，有一个重要因素，这肯定是合理的。出于信心，我们认为这个重要因素是主导因素。然而，对此进行分析实质上和前面相同本质，而要进行阐释并不复杂，因此，我将在随后的章节中进行这项工作。

第三章　不同均衡状态之间的转移

第一节

根据本编导论简要叙述的分析计划，我们假设：开始时经济系统处于短期流动均衡，用于投资的劳动需求函数按照给定的方式变化，并且自身没有呈现出累积的趋势；系统 A 用这样的方式转换为系统 B，我们可以在第三编的分析中发现其对就业等变量的影响。即使如此，系统 A 显然也不能立刻转换到系统 B，肯定有一个转换过程。这里我们考虑这个过程是如何进行的。假设目前的银行政策，就是我所说的正常银行政策。

第二节

用于投资的劳动需求函数上下波动——左右移动。显然，向下波动这种特殊情况会把利率降到允许的最小值，正如第二编第九章第七节和第八节所描述的那样；除此之外，每个时刻，需求量与供给量之间的市场均衡仍然保持成立。我们推测当需求变化时，通过改变利率或改变实际收入或两者同时改变，这种情况能够成立。因此，对用于投资的劳动需求函数上升的反应，就是投资供给量会增加，前提是如果就业更多，且因此实际收入更多，从而导致在任意给定利率水平下实际储蓄更多。如果长期贷款的货币利率上升，只要价格没有像期望的那样快速上涨到使贷款者不能获得任何收益，那么投资供给量也可能上升(尽管不肯定)。除非这两件事情之一或同时发生，否则就不能形成所要求的实际投资供给增长的趋势。因此，两者之一肯定会发生。如果初始就业充分，那么调整不可能带来就业增加，因此，必须借助于利率进行调整。① 在实际生活中，的确，除了在接近繁荣时期顶点时之外，不会达到充分就业；因此，这类强制性情况几乎不会发生。通常，我们预期调整是通过就业量和利率相同方向的移动来实现的。

第三节

在上一节中，我谈到了货币利率。但目前使用这个概念不合适。正如我们早已观察到的那样，短期利率与长期利率之间存在重要区别。当然，两个利率的趋势的确会一起变动。正如魏克赛尔(Wicksell)所写的那样，"长期利率(债券利率)与短期利率(银行利率)在某种程度上必须相互紧密相应，或者无论如何，两者之间必须保持一定的联系。长期利率不可能高于短期利率很多，否则企业家将凭借银行贷款经营业务——这一点，无论如何，通过间

① 在这些条件下，如果利率较高时比利率较低时供给的实际投资更少，那么除了通过货币工资率移动外不可能达到新的均衡状态。

接方式通常是可以办到的。同样，它也不能低于短期利率，否则多数资本家宁愿把资金存进银行（或者用之于票据贴现）"[1]。但是——这是关键点——在流动非均衡的情况下，正如在流动均衡的情况下一样，短期利率和长期利率之间不存在严格的联系，使得不能选择某种利率作为合适的利率。相反，长期利率与短期利率可能会发生相对变化。

第四节

就这个问题，我们可以考察历史上的情况——尽管由于实际上用于投资的劳动需求函数的变动往往伴随着其他变化，其证明并不令人信服。对很多事实的研究表明，就业量和政府债券收益率之间几乎没有相关性。我们可以认为政府债券收益率代表了长期贷款利率。一个自然的推论就是当需求函数扩张时，通过债券收益率的变化并不会引起投资需求所要求的供给调整。正如我在《产业波动》一书的一张图中所示，[2]短期利率的变化与就业量相应的变化非常密切。当就业状况很好时，货币的短期利率很高；相反，货币的短期利率很低。此外，对该图的详细研究表明，利率的转折点往往滞后于就业百分比转折点一年左右。这和斯奈德(Snyder)的研究结果相同。通常，从银行票据结算总额推断出经济活动向上调头之后 10—15 个月，利率会出现同样的变动；而对

① *Interest and Prices*, p. 75.

② 见该书第 32 页。

于向下调头来说，时间更长。我认为我们可以根据这些事实，得出一个合理的结论，就是即使长期利率保持不变，也可通过提高短期利率和银行货币的供给进而提高货币收入的方法，使得实际投资需求函数扩张，从而引起就业增加。[①] 这个结论进一步被《产业波动》中的其他图所证实。这些图表明，在每年增加的贷款余额和短期利率之间存在明确的正相关关系。[②]

第五节

因此，即使对流动性需求没有反应，货币收入的扩大和就业的提高也会达到足以维持投资的需求和供给之间的市场均衡的程度。然而，显然，如果对流动性需求不受影响，那么为了达到这种市场均衡，短期利率的变化与它实际的变化相比，幅度需要更大一些。

第六节

然而，这并不是全部。银行通常把货币提供给营运资本，而不是固定资本。但是，实际投资需求的扩张会使得这两类资本的需求都增加。如何为规模异常大的新固定资本进行融资而不会引起

① 当然，这个结论与众所周知的恐慌时期高货币利率伴随着低货币收入的事实不符。该结论的原因为，恐慌时期对流动性的持有愿望的提高，对货币收入函数施加了强大的下行压力。因此，这个函数也下降。

② *Industrial Fluctuations*，Charts facing pp. 144 and146.

长期利率的瞬时上升？或者相反，如何为规模异常少的新固定资本进行融资不会导致长期利率的瞬时下降？我认为对此问题的解释就是商业信心的增强首先使得长期投资需求增加；满足额外需求的货币，原本是私人和机构的短期贷款，受商业预期改善的吸引变成长期贷款，因此，这些短期贷款供给的提高足以恢复均衡，而不会引起长期利率上升；同时，对于这些短期贷款本身来说，需求量和现时供给不足这二者，通过提高短期利率达到了平衡。商业信心下降的作用方式相同，但方向相反。[①]

第七节

此外，我们刚才所描述的过程与另一个过程有关。我们认为，在短期流动均衡时实际价格和预期价格必须相同，这与消费品价格和投资品价格的情况相同。因此，如果某个企业家所雇用的劳动量使得货币工资率等于 $\left(1-\frac{1}{\eta}\right)$ 乘以生产的边际成本的贴现期望值，那么当产品销售后，实际值与这个期望值相等。于是，雇主发现雇用他所雇用的那些劳动量实际上是划算的，并且任何时间他所收到的那些货币收入就是他所期望的收入。因此，工人的收入会随生产的进行而立刻获得，而企业家的收入以后才能获得，这个事情并不重要。除了贴现因素，任何事情正如商品生产周期为零时的情况一样以完全相同的方式进行。然而，如果均衡受到

---

① 这个解释是由 A. K. 格兰特（Grant）先生在 *A Study of the Capital Market* 中以一种不同联系的思想提出的。

扰动，比如说，用于投资的劳动需求函数上升，那么尽管不会伴随着货币收入函数的上升，但是这会使得利率上升，从而使得企业家能够得到的货币收入扩张。这意味着商品价格较高，而雇主得到的货币回报比他们雇用那些劳动力时预期得到货币回报更多。因此，只要用于投资的劳动需求函数不断上升，他们就能从他们以前的投资中获得意外之财。所以，雇主期望在商品销售后获得所雇用劳动量的边际收益，这个边际收益以货币表示，不断上升。显然，如果用于投资的劳动需求函数降低，那么与前述过程相反的过程就会开始运转。在每种情形下，除非第六章将要讨论的累积运动不开始，我们所描述的所有过程都将停止，而我们假设的已经开始的用于投资的劳动需求函数的向上或向下移动将得到完全实现。于是，商品的期望价格再次和实际价格相同，并且初始的变动不存在二次变大。当然，在短期均衡的新状态下，就业在什么意义上和什么程度上与原来状态下的就业不同，将取决于用于投资的劳动需求函数移动的程度和几个相关函数的形式。[①]

第八节

除此之外，在用于投资的劳动需求函数上升后，企业家为了充分利用他们可以利用的新机会，将会一度打破他们的财务平衡，从银行借入更多的钱；并且，由于货币工资率具有黏性，因此会带来

① 在向下运动的情形下，企业家可能为了避免价格的下降，使得未销售存货增加。但是，这并不影响我们论证的主要结果。参见后面第六章第十节。

越来越多的就业和生产。只要这个过程持续进行，它就与有时被称为降低库存的过程有关；或者，在相反情况下，与增加库存的过程有关。只要某个过程在进行，调整就不会完成，并且也不会达到和用于投资的劳动需求的新状态相适应的流动均衡状态。

第四章 不同非均衡状态之间的转移

第一节

在第三编中，我们论述了两个都处于短期流动均衡的经济系统，在用于投资的需求函数存在差别时，总就业之间的差别，以及总就业的差别和因投资引起的就业差别之间的关系如何。在本编前一章中，我们研究了当一个处于短期流动均衡的系统的用于投资的劳动需求函数发生变化时，系统会发生什么变化？如果发生变化，那么我们的分析是否能使人明白，让初始处于短期流动非均衡状态的系统用于投资的劳动需求函数发生变化，会对就业产生怎样的影响？在不发生累积运动的假设下，这个问题将在下一章进行讨论，但我们完全可以预期，推动对于运动中的人或静止中的人的影响相同。因此，如果某物品的价格以未知的速率下降同时对该物品还征税，那么我们不可能说出后来的价格将是多少；但是我们可以根据足够的数据计算得到弹性，得到后来的实际价格与不征税时的价格之间的差别。根据同样的原则，我认为我们能够得到的结论就是，用于投资的劳动需求函数发生的某个变动施加到处于运动中的系统对将来的就业所产生的影响和施加到一开始就处于短期流动均衡的系统对将来的就业所产生的影响基本相同。因此，第三编的分析和不断变化的世界提出的各种问题有关。

第五章　乘数的计算

第一节

在第三编第八章和第九章中，我们描述了与处于短期流动均衡的两个经济系统之间的几种差别有关的各种就业和货币乘数。出于信心，[①]如果我们赞成用于投资的劳动需求函数的波动是产业活动变化的主要因素，那么我们有理由认为与这些波动有关的就业或货币乘数就是就业乘数或货币乘数。其他乘数不起重要作用。因此，显而易见，我们有理由根据就业的统计数据来计算就业乘数的数值，通过比较就业变化和投资变化的统计数据计算货币乘数的数值。

第二节

然而，我们在引用的章节中证明了在上述意义上，就业乘数和货币乘数都可以用公式表示，这些公式不仅对于不同类型的银行

---

① 参见第四编第二章第九节。

政策不同，而且对于所有类型的银行政策来说，其各个组成部分的数值往往随商业周期阶段的不同而变化。因为这个原因，这两个乘数都没有一个简单明确的数值，因此，也没有统计方法能确定该数值为多少。最有希望的事情就是粗略表示出大约的平均数值。

第三节

正是考虑到这些问题，对于科林·克拉克(Colin Clark)先生努力得到的英国的货币乘数必须进行检查。在他的《国家收入和支出》(*National Income and Outlay*)一书中，第 249 页图描绘了 1924—1936 年的投资值和国民收入值的相互差别。该图表明，在 1929—1935 年间，伴随着投资的变化，整个收入的变化有两倍之大，也就是说，乘数值稳定在 2 附近。但克拉克先生描述——尽管该描述和这幅图几乎不一致——为“在 1924—1929 年间，收入大幅度地增长，而投资几乎不变”，并且“1935 年投资再次达到 1929 年的水平，而收入有大幅度提高”。[①]

第四节

不幸的是，由于收入和投资数据都是根据估计所得，存在非常大的误差，所以人们十分怀疑这类计算结果的准确性。此外，如果英国的收入，粗略地平均，比如说，有投资的十倍之大，那么收入估

① 见该书第 250 页。

计的很小误差——除非所有估计都有这个误差——将会完全破坏货币乘数稳定在 2 附近的统计结果，即使是在 1929—1935 年间。[①]

第五节

钱伯瑙恩先生分别就直接消费品、耐用品、煤炭开采和纺织、延期消费品等主要产业的就业数据，描绘了它们的数据图。[②] 这张图给人的初步印象就是就业乘数的数值在单位 1 附近。但是，由于遇到了对分别从事消费品生产和资本品生产的工人进行满意的区分的难题，不能完全保证这里的推论成立。此外，和我们在本书中所研究的隔离的社会不同，实际社会中有一些投资来自外部。只要这种情况出现，我们就可以认为任何从事出口品的劳动都是用于投资的。这意味着从就业统计数据推导出的任何就业乘数的数值都有很大误差。

---

① 克拉克先生提请注意这个事实，就是在 1924—1935 年间，公司收入每增加一英镑，不管我们是从低水平还是从高水平开始，大约一半用于储蓄，另一半用于分配红利(引自该书第 255 页)。英国总投资的很大一部分——战前从 1/3 到 1/2——构成了公司的未分配利润。因为这些利润变化很大，克拉克先生认为把利润的一半用于储蓄的惯例"可能解释了投资和国民收入之间的关系为乘数 2 的密切性"(引自该书第 255 页)。然而，我们还将注意到尽管在 1924—1935 年的整个时期，在部分公司中盛行这个惯例，但是克拉克先生认为仅在 1929—1935 年间乘数接近于 2。

② 参见 *Review of Economic Studies*, February 1939, p. 116。我们应该明确指出钱伯瑙恩先生的确没有声称从他的图表中能够得到就业乘数的数值。

第六章　累积运动

第一节

本编导论指出，在两个并存的经济系统之间，这个或那个平衡因素之间的差别对就业造成的影响，与同一个经济系统不同时刻平衡因素之间同样的改变对就业造成的影响并不一定相同。其原因在于某些情况下，这种改变会引起一个累积过程。由于某些原因，商业社会处于不稳定的状态，甚至一个很小的推力，不仅会产生正常的物理效应，而且还会启动某个内部机制，推动它继续变化。如果出现了这种情况（并且这种情况应该会发生，这意味着我们一直使用的方程并没有全面、详细地描述这些情况），那么我们在第三编中得到的那些存在的差别造成影响的结论，显然与这种改变造成的影响不同。因此，本编第三章、第四章的结论也不成立。所以，确定在多大程度上和什么条件下能够发现累积过程非常重要。我将首先考虑哪些累积过程可以称为机械累积，随后，将考虑借助于心理过程的累积，或者，也许更好的说法是借助于预期的累积。

第二节

机械累积理论有三种主要形式。第一种形式来源于众所周知的白芝浩(Bagehot)所著的《伦巴第街》(*Lombard Street*)中的一段话,他写道:"行业之间存在一种合作关系。不存在一个行业发生萧条而不影响其他行业这样的事情,而一大批行业更不可能如此。每个行业在繁荣时期,都会购买和消耗很可能是大多数(肯定很多)其他行业的产品,而如果行业 A 不景气并陷入困境,那么过去向行业 A 销售产品的行业 B、行业 C 和行业 D,就无法销售依靠行业 A 的需求而生产的那些产品,并且不久它们将停止生产,直到行业 A 复苏为止。因为,除了行业 A 以外,不会有人购买它们生产的产品。如果行业 B 购买行业 C、行业 D 等行业的产品,则行业 B 的不景气又会波及行业 C、行业 D 等行业,而这些行业又购买行业 E、行业 F 的产品,因此影响将遍及从行业 B 到行业 Z 的所有行业。*并且不景气发展到一定程度上,还会出现反弹。行业Z 会感觉到行业A、行业B 和行业C 客户减少而引起的需求变化,并且它也没有赚到原来那么多的钱;因此,它也不可能购买行业A、行业B 和行业C 所生产的商品,所以这些行业也不会赚到原来那么多的钱。在这整个过程中,货币仅是一种工具而已。*"[1]当然,这段话中的非斜体部分的确没有提及累积,并且我对此也没有异议。但是我用斜体表示的那部分的确表明了累积。在

① *Lombard Street*, pp. 127—128.

我阅读霍特里(Hawtrey)先生写的那本书的时候,我认为霍特里先生基本上采纳了这个提议(尽管和白芝浩先生不同,他的确认为货币不仅仅是一种工具),并且,基于这种想法,他提出了萧条和生产活动的"恶性循环"的概念。但是,我不确定我是否正确地理解了霍特里先生的发现过程。无论如何,我想研究的观点归根到底就是这个观点。如果两组人中的一组 A,从 B 那里购买迄今为止最少的产品,支付的钱款较少,那么 B 就会变得贫困;反过来,B 从 A 那里也购买更少的产品,支付的钱款也更少,会使 A 变得更贫困;这又将导致 A 从 B 那里购买更少的产品,支付给 B 的钱款更少;如此无限反复进行下去。[①] 这种情况肯定有问题。为了弄明白这点,考虑下面这种非常简单的情形即可:货币仅由金属硬币组成,并且每枚硬币只要在收入支出循环中以同样的速度在周转,每隔一定的时间,比如说一周,就会以收入的形式显示出来。开始 A 每周都把10,000英镑交给 B 用于购买 B 的产品,并且一周后,B 又以购买 A 商品的方式将10,000英镑返还给 A。因此,总货币存量为10,000英镑,并且 A 和 B 每两周的收入都是10,000英镑。在特定的某周,A 支付给 B 9,000英镑,而不是10,000英镑,他把其他1,000英镑用作储备,并且随后一直存在那里。因此,B 在该周的收入就变成9,000英镑。如果没有其他原因,那么一周后,B 购买 A 的产品,支付将低于9,000英镑。如果 B 总共支付了这些钱,那么再过了一周,A 就只有9,000英镑来支付给 B 以购买 B 的产品。如此无限反复进行下去。A 这个行为的净效应就是 A 与 B 在两

① 参见 Hawtrey, *Trade Depressions and the Way Out*, pp. 2 and 3。

周之内的收入为18,000英镑而不是20,000英镑。这个行为不存在累积效应。实际上,或许存在某种自我矫正的趋势。由于B两周的收入从10,000英镑减少到9,000英镑,因此如果B仍旧以差不多相同的比例持有储蓄存款,那么他现在很可能会减少其储蓄存款。这将使他购买A产品而支付给A的钱款超过9,000英镑,因此,最终各方两周之内的收入减少量都低于1,000英镑,双方相加减少量低于2,000英镑。但是,这里我们不关心这个次要问题。我只是努力证明机械累积概念对这种模式来说无效。

第三节

机械累积的第二种主要形式可以总结如下。这种形式得到了霍特里先生的绝对支持。如果短期利率上升,那么这将引起店主、批发商等减少他们持有的存货。于是,这些人将减少他们向制造商订购的货物。制造商随即会要么减少货币工资率要么减少就业,这两件事都会导致货币收入的减少。反过来,这将导致经销商进一步缩减他们的存货,从而形成了累积过程。

在考虑这种观点时,我们必须承认如果利率上升,那么贸易商往往会持有较少的存货,而且他们向制造商订购的货物也会相应减少。因此,这将使得总货币收入减少并且也使得(把货币工资率看作固定不变)就业量减少。然而,这是一次性事件。如果给定利率,那么贸易商持有的存货取决于他们的库存周转率和经营条件。最重要的事情就是利率的提高(正常的银行政策)可以说永久地减少了货币收入。它目前还减少了贸易商需要的总投资量。除了目前我们没有包括意外预期的影响外，没有任何能够引起累积的可能性。的确，如果存货总为零，那么货币收入函数向下移动直接对就业的影响，将小于它的实际影响。但是，只要贸易商的库存和它们自己的经营情况相适应，系统就会稳定。

第四节

机械累积的第三种主要形式主要与哈罗德先生有关。他的论点始于这样一个显然的事实：如果由于某些原因使得消费品产出扩张超过某个限度，那么必须增加机械和工厂的投资。他认为增加的这些投资将间接引起消费行业更多的就业，这将起反作用，需要更多的机械投资，如此形成累积。同样，如果由于某些原因使得消费品产出缩减超过某个限度，那么机械设备的运行将被停止，也就是说，存在设备的负投资，结果是累积下降。[①] 我们考虑一下这个论点。

第五节

如果我们从讨论存在大量的失业和国内大部分设备处于闲置的情况开始，那么有可能发生消费品产出出现非常大的扩张却没有对机械等设备的需求产生任何刺激的状况。此外，如果我们从

① 由于在第三编中，为了方便，我们假设设备永远保持良好的状态，因此哈罗德先生这方的论点不涉及那里讨论的问题。然而，实际生活中，这个问题和其他问题一样重要。

那种情况开始，人们的心理也处于那种情况，那么消费品需求的适当缩减（与大量缩减不同）将会导致明显的投资缩减，其方式就是疏于对设备进行及时维修和更新，从而停止设备运转。因此，虽然哈罗德先生所强调的那类累积在很多情况下不会发生，但是如果产业处于完全扩张的状态、接近繁荣的顶点，那么这时消费品需求的大幅度变动（或者即使是很小的变动）显然的确会引起机械制造业的反应。因此，举例来说，铁路的繁荣会引发消费业的扩张，这也会引致用于消费业设备的次生劳动需求，等等。这样一个累积过程可能被建立起来。

第六节

显而易见，上述分析似乎和霍特里先生的分析不完全一样。当消费品产量增长率以给定的比例提高时，设备的存量可能也需要提高相同的比例。但这个提高是一次性事件。铁路每年投资的某些增长可能需要增加一些用于生产消费品的设备。因此，铁路建设的需求率上升可能立即带来新设备需求的增加。所以，目前总就业应该比消费品生产正常进行而不使用任何新设备时的就业规模要大。但是，正如我所说，所引发的繁荣是一次性事件，没有累积运动。① 就此来说，哈罗德的机械累积并不比霍特里的机械

① 哈罗德先生在他的《商业周期》中研究了处于扩张过程的经济，因此在每个很短的时间间隔后，除了对消费产业设备引发的次要的一次性需求外，还有更多的投资需求（例如铁路方面的需求）。当然，在这样的经济中，伴随一系列的主要需求率上升，将有一系列次要的一次性投资需求。但是，这不是累积。

累积好。而且,归根到底,这两类机械累积完全相同。它们都把累积看作是与消费品产出增加有关的资本增加。唯一的差别就是霍特里先生感兴趣的资本由贸易商的存货构成,而哈罗德先生感兴趣的资本由生产者的机器构成。

第七节

然而,主张哈罗德那类累积观点的人可能会这样回复,就是上述论点回避了这个问题。他们可能会说的确没有否认,具有这么多消费和这样多设备存量的系统 A 处于均衡状态,而具有更多消费和相应的更多设备存量的系统 B 也处于均衡状态。但我们并不会随后得到如果我们从系统 A 开始并且增加这样多的用于消费的就业,那么实际上将把我们引向系统 B 的结论。实际上,该论点的实质就是我们不会被引向系统 B,而是相反,会达到一个累积过程。他们可能会说,前面所有的论点表明,如果我们不达到一个累积过程,那么就将达到系统 B,并且,与我们是否达到累积过程的问题无关。我认为我们应该承认这个结果。正因为如此,是否存在累积过程的问题似乎取决于事实如何。因此,假设开始时资本品存量(使用生产它们需要雇用的劳动力来计量)有全年收入的四倍之多,比如资本品存量为4,000个单位,收入为1,000个单位。再假设铁路的繁荣会为消费品生产带来 100 个单位的就业。如果消费产业的资本和产出保持它们原来的比例,那么这将需要新资本投资 400 个单位。这又将为消费产业带来额外 100 个单位左右的就业。如果它带来的就业更少,那么我们得到一个收敛序列，这不会意味着累积；如果它带来的就业更多，那么我们得到一个发散序列，这就意味着累积。因此，问题实际上变成了该序列是收敛还是发散。虽然发散序列会引起非常矛盾的结果，但是我认为我们肯定还没有确切地回答这个问题。

第八节

于是，概括起来，虽然我们可能对机械累积平时——在产业活动处于向上或向下振荡运行的中间范围——不会出现感到满意，但是我们必须允许机械累积会在向上达到繁荣的较高点和向下达到萧条的最低点附近发生。在这个限制条件下，本章的讨论使我们得出这样的结论，就是在现实世界中不会出现第一节所描述的机械累积。

第九节

我们还有更重要的问题需要讨论，就是累积是通过心理还是通过预期实现的。我们在第三编中所使用的那些方程是建立在人们在每个时刻都会预期将来的价格和利率同他们所处的那个时刻的价格和利率总是相同的假设基础上的。对于我们在第三编中所进行的各种比较来说，这个假设就足够了。但是，在考虑改变的影响时，我们必须记住，价格或利率下降（或上升）的事实可能会产生它们将进一步下降（或上升）的预期。

第十节

因此，假设用于投资的劳动需求下降，结果导致利率、货币收入和用于消费品需求的货币都减少。这意味着可以用来购买消费品的实际货币量小于企业家早先的预期。其结果就是，虽然现在市场上出现的这些商品不能全部都找到购买者，并以足够高的价格基本上弥补边际成本，但是投入生产这些商品的劳动力的工资早已支付。因此，要么货物必须以低于这个价格销售，要么——如果这些商品不会马上腐烂变质或者容易过时——销售者希望价格不久会提高，可能会坚持他们以前预期的价格。而在此情形下，未销售的存货肯定会累积。在这两种情况下，企业家都会遭受损失。由于这种损失造成的影响，特别是如果重复几次这样的事情，企业家可能就会以不那么乐观的态度看待这些事实。他们不会预期将来的需求会继续保持在已经下降到的这个水平上，而是预期需求仍将继续下降。

第十一节

因此，当用于投资的劳动需求函数发生变化时，马上产生的新环境可能与初始环境不同，不仅因为需求函数不同，而且还因为以前预期消费品将来的价格和实际价格相同，而他们现在预期消费品将来的价格和实际价格不同。如果这样的预期存在，那么这个系统就不会处于短期流动均衡状态。[①] 此外，由于所发生的实际价格上涨或下跌的变动会引发预期发生变动，而预期的变动可能会引发实际价格进一步的变动，这反过来又导致了预期进一步的变动；因此，初始运动不是简单地将系统 A 转换为系统 B，它可能建立了变动的累积过程。直到价格和利率达到某个水平，在该水平上向上或向下的变动不会引起预期的进一步变动，才会达到一个处于短期流动均衡的新系统。至于向上变动，不一定有上限；也有可能永远不会达到均衡的新状态。至于向下变动，必须有一个下限，因为没有人能预期价格或利率会是明显的负数。在这两种情况下，如果短期流动均衡达到某个新状态，那么该状态可能与初始状态差别很大。

第十二节

因此，当处于短期流动均衡的系统中某个平衡因素发生变化时(更不必说处于非均衡的系统)，我们必须留意它将会引起什么变化。如果该变化使得任何时刻预期的实际价格(和利率)和将来的实际价格完全相同的条件成立，那么可以直接应用这种分析。但如果情况不是如此，那么就会出现累积过程。该过程什么时候终止、如何终止，以及当它终止时，预期该系统是处于稳定状态还是处于不可避免的波动之中，对这些问题的讨论超出了本书的范围。

① 该预期的存在意味着货币利率和实际利率不同。因此，我们可以毫不在意地说该预期的存在或货币利率和实际利率之间存在差别都与短期流动均衡相矛盾。

附　录

附录一

第三编所研究的主要问题可以用数学方法描述如下。

第一节

我们给出三个一般方程：

$m_3\phi\left(\frac{r}{m_4}\right)=m_5f\{r,m_6F(x)\}$ ，……（Ⅰ）

$y=m_5f\{r,m_6F(x)\}$ ，……（Ⅱ）

$m_2g(r)=m_1\{K_1(x,m_6)+K_2(y,m_4)\}$ ，……（Ⅲ）

其中，x、y 和 r 是 m_1、m_2、m_3、m_4、m_5、m_6 的函数，并且 ϕ、f、F、g、K_1 和 K_2 是括号中某个变量或某些变量的函数。货币工资率 w 嵌入在第三个方程的右边，但并没有出现，这是由于我们可以将其写作 $w=1$。

第二节

对于模型Ⅲ，有

$$K_1(x,m_6)=\frac{1}{1-\frac{1}{\eta_1\{m_6F(x)\}}}\cdot\frac{F(x)}{F'(x)},$$

$$K_2(y,m_4)=\frac{1}{1-\dfrac{1}{\eta_2\{m_4\psi(y)\}}}\cdot\frac{\psi(y)}{\psi'(y)}.$$

对于模型Ⅱ，有

$$K_1(x)=\frac{F(x)}{F'(x)},$$

$$K_2(y)=\frac{\psi(y)}{\psi'(y)}.$$

对于模型Ⅰ(B)，有

$$K_1(x)=\frac{1}{1-\dfrac{1}{\eta_1\{F(x)\}}}\cdot\frac{F(x)}{F'(x)}=Cx,$$

$$K_2(y)=\frac{1}{1-\dfrac{1}{\eta_2\{\psi(y)\}}}\cdot\frac{\psi(y)}{\psi'(y)}=Cy.$$

对于模型Ⅰ(A)，有

$$K_1(x)=\frac{F(x)}{F'(x)}=C_1x,$$

$$K_2(y)=\frac{\psi(y)}{\psi'(y)}=C_1y.$$

在使所有 m 都等于 1 后，“′”表示对括号中的变量求导数；例如，$F'(x)=\frac{\mathrm{d}}{\mathrm{d}x}F(x)$ 和

$$K'_1=\frac{\mathrm{d}}{\mathrm{d}x}\left\{\frac{1}{1-\dfrac{1}{\eta_1\{F(x)\}}}\cdot\frac{F(x)}{F'(X)}\right\}。$$

第三节

虽然我们在第一次看到模型Ⅰ(B)后也许会想到,应该把 K_1 写成

$$K_1(x,m_6)=\frac{1}{1-\dfrac{1}{\eta_1\{m_6F(x)\}}}\cdot\frac{F(x)}{F'(x)}=Cx,$$

但是如果求 $K_1(x,m_6)$ 对 x 的偏导数,那么我们得到

$$\frac{\mathrm{d}K_1}{\mathrm{d}x}=\left\{\frac{1}{1-\dfrac{1}{\eta_1}}-\frac{F}{(\eta_1-1)^2}\cdot\frac{\mathrm{d}\eta_1}{\mathrm{d}F}\right\}+\frac{xF}{(\eta_1-1)^2}\cdot\frac{\mathrm{d}\eta_1}{\mathrm{d}F}\cdot\frac{\mathrm{d}m_6}{\mathrm{d}x}。$$

因为出现了 $\frac{\mathrm{d}m_6}{\mathrm{d}x}$,所以除非 $\frac{\mathrm{d}m_6}{\mathrm{d}x}$ 或 $\frac{\mathrm{d}\eta_1}{\mathrm{d}F}=0$,否则该式不可能为常数;每个条件都使 $\frac{1}{\eta_1\{m_6F(x)\}}$ 为常数。因此,为了满足模型Ⅰ(B),K_1 必须写作上一节模型的形式;K_2 也是如此。

第四节

我们有下面的表示方法:

(1)对总就业之差来说,当任意 m,比如说 m_n 变化,而其他变量保持不变并等于1且求导后令 m_n 等于1时,有

$$\frac{\mathrm{d}(x+y)}{\mathrm{d}m_n}=D_n;$$

(2)当任意 m 变化时,对于总就业之差除以用于投资的就业之差,也就是就业乘数来说,有

$$\left\{\frac{\mathrm{d}(x+y)}{\mathrm{d}y}\right\}_n = M_n\ ;$$

(3)当任意 m 变化时,对于货币收入之差除以货币投资之差,有

$$\frac{\dfrac{\mathrm{d}}{\mathrm{d}m_n}(gm_2)}{\dfrac{\mathrm{d}}{\mathrm{d}m_n}(K_2m_1)} = N_n\ 。$$

第五节

我们要求得到:

(i)下面每个模型中,D_1、D_2 等变量的数值和符号:(a)当 g' 为正且有限时;(b)当 g' 为正且有限,同时 $\frac{\partial f}{\partial r}=0$ 时;(c)当 $g'=0$ 时;(d)当 g' 为无限时;(e)当有重叠条件 $\frac{\mathrm{d}}{\mathrm{d}m_n}\left(\frac{K_1m_1}{Fm_2m_6}\right)=0$ 时。

(ii)同样情况下,M_1、M_2 等变量的数值。

(iii)同样情况下,N_1、N_2 等变量的数值。

由于文中给出的原因,我们假设$(-\phi')$ 和 $F'\frac{\partial f}{\partial F}$ 都为正,$(\frac{\partial f}{\partial r}-\phi')$ 为正,并且对于正常的货币与银行政策以及保持货币收入不变的政策,有 K'_1 和 K'_2 为正;而对于保持消费品价格不变的政

策，有

$$\left(\frac{K'_1}{K_1}-\frac{F'}{F}\right)=>0。$$

此外，在把它们应用到公式中时，正如后文表Ⅰ所展示的那样，η_1 和 η_2 都为正且远大于1。$\frac{d\eta_1}{dF}$ 和 $\frac{d\eta_2}{d\psi}$ 以及 λ_1 和 λ_2 的符号正如该表所界定的那样，必须认为它们是不确定的。此外，由于任何产业的所有产品都不可能属于这些产业中的赚取周薪者，所以 $\left(\frac{K_1}{x}-1\right)$ 和 $\left(\frac{K_2}{y}-1\right)$ 肯定都为正。这意味着在模型Ⅰ(B)中，$(C-1)$ 为正，更不用说 $\left\{C-\left(1-\frac{1}{\eta_1}\right)\right\}$ 也为正，并且在模型Ⅰ(A)中，(C_1-1) 为正。

第六节

表Ⅱ到表Ⅸ需要一些变量的值。我们提前把这些变量的值放在总表(表Ⅰ)中，该表是进行数学分析的基础。

表格说明

Ⅰ. 总表。

Ⅱ. 当 g' 为正且有限时，模型Ⅲ的形式。

Ⅱ_B. 当 g' 为正且有限、$\frac{\partial f}{\partial r}=0$ 时，模型Ⅲ的形式。

Ⅲ. 当 $g'=0$ 时，模型Ⅲ的形式。

Ⅳ. 当 g' 无限时，模型Ⅲ的形式。

Ⅴ. 当 $\frac{\mathrm{d}}{\mathrm{d}m_n}\left(\frac{K_1m_1}{Fm_2m_6}\right)=0$ 时，模型Ⅲ的形式。

V_{B}. 当 $\frac{\mathrm{d}}{\mathrm{d}m_n}\left(\frac{K_1m_1}{Fm_2m_6}\right)=0$ 且 $\frac{\partial f}{\partial r}=0$ 时，模型Ⅲ的形式。

Ⅵ. 当 g' 为正且有限时，模型Ⅱ的形式。

Ⅶ. 当 g' 为正且有限时，模型Ⅰ的形式。

$\mathrm{VII}_{\mathrm{B}}$. 当 g' 为正且有限，及 $\frac{\partial f}{\partial r}=0$ 时，模型Ⅰ的形式。

Ⅷ. 当 $g'=0$ 时，模型Ⅰ的形式。

Ⅸ. 当 $\frac{\mathrm{d}}{\mathrm{d}m_n}\left(\frac{K_1m_1}{Fm_2m_6}\right)=0$ 时，模型Ⅰ的形式。

注释：在表Ⅰ到表Ⅸ中，每个表第 4 行以及在表Ⅹ和表Ⅺ中 D_4 的求导式子中，ϕ' 表示 $\frac{d\phi\left(\frac{r}{m_4}\right)}{d\frac{r}{m_4}}$，并且，在求导后，$m_4$ 等于 1，因此，和别处不同，ϕ' 表示 $\frac{d\phi(r)}{dr}$。在以上两种情况下，ϕ' 都为负。同样，在表Ⅰ到表Ⅸ的每个表第 6 行以及在表Ⅹ和表Ⅺ中 D_6 的求导式子中，$\frac{\partial f}{\partial F}$ 表示 $\frac{\partial f\{r,m_6F(x)\}}{\partial m_6F(x)}$，并且，在求导后，$m_6$ 等于 1，因此，和别处不同，也就是 $\frac{\partial f}{\partial F}$ 表示 $\frac{\partial f\{r,F(x)\}}{\partial F(x)}$。在以上两种情况下，$\frac{\partial f}{\partial F}$ 都为负。

同样，在表Ⅰ中，在允许 m_4 可变的情况下，$\frac{\mathrm{d}\eta_2}{\mathrm{d}\psi}$ 表示 $\frac{\mathrm{d}\eta_2(m_4\psi)}{\mathrm{d}(m_4\psi)}$，其中在求导后，$m_4$ 等于1；在允许 m_6 可变的情况下，$\frac{\mathrm{d}\eta_1}{\mathrm{d}F}$ 表示 $\frac{\mathrm{d}\eta_1(m_6F)}{\mathrm{d}(m_6F)}$，其中在求导后，$m_6$ 等于1。

表Ⅰ

模型Ⅲ的总表

$$K_1=\frac{1}{1-\dfrac{1}{\eta_1\{m_6F(x)\}}}\cdot\frac{F}{F'}\text{；}K_2=\frac{1}{1-\dfrac{1}{\eta_2\{m_4\psi(y)\}}}\cdot\frac{\psi}{\psi'}\text{；}$$

$$\mathrm{d}K_1=\left\{\frac{\eta_1}{\eta_1-1}\cdot\frac{\mathrm{d}}{\mathrm{d}x}\left(\frac{F}{F'}\right)-\frac{F\dfrac{\mathrm{d}\eta_1}{\mathrm{d}F}}{(\eta_1-1)^2}\right\}\mathrm{d}x+\frac{\dfrac{F}{F'}\cdot\dfrac{\mathrm{d}\eta_1}{\mathrm{d}F}}{(\eta_1-1)^2}\cdot F\mathrm{d}m_6=$$

$$K'_1\mathrm{d}x-\frac{\dfrac{\mathrm{d}\eta_1}{\mathrm{d}F}}{(\eta_1-1)\eta_1}K_1F\mathrm{d}m_6=K'_1\mathrm{d}x+\lambda_1K_1F\mathrm{d}m_6\text{，其中}$$

$$-\frac{\dfrac{\mathrm{d}\eta_1}{\mathrm{d}F}}{(\eta_1-1)\eta_1}=\lambda_1\text{。}$$

同样，$\mathrm{d}K_2=K'_2\mathrm{d}y+\lambda_2K_2\psi\mathrm{d}m_4$，其中 $-\frac{\frac{\mathrm{d}\eta_2}{\mathrm{d}\psi}}{(\eta_2-1)\eta_2}=\lambda_2$。

分母 $\mathrm{A}=K'_1\left(\frac{\partial f}{\partial r}-\phi'\right)+F'\frac{\partial f}{\partial F}(g'-K'_2\phi')$。

	m_1 变动	m_2 变动	m_3 变动
$\frac{dx}{dm_n}$	$-\left(\frac{\partial f}{\partial r}-\phi'\right)\frac{g}{A}$	$-\frac{dx}{dm_1}$	$\left(g'-K'_2\frac{\partial f}{\partial r}\right)\frac{\phi}{A}$
$\frac{dy}{dm_n}$	$\phi'F'\frac{\partial f}{\partial F}\cdot\frac{g}{A}$	$-\frac{dy}{dm_1}$	$\left(K'_1\frac{\partial f}{\partial r}+g'F'\frac{\partial f}{\partial F}\right)\frac{\phi}{A}$
$\frac{dr}{dm_n}$	$F'\frac{\partial f}{\partial F}\cdot\frac{g}{A}$	$-\frac{dr}{dm_1}$	$\left(K'_1+K'_2F'\frac{\partial f}{\partial F}\right)\frac{\phi}{A}$
$\frac{d(x+y)}{dm_n}$	$-\left\{\left(\frac{\partial f}{\partial r}-\phi'\right)-\phi'F'\frac{\partial f}{\partial F}\right\}\frac{g}{A}$	$-\frac{d(x+y)}{dm_1}$	$\left\{g'\left(1+F'\frac{\partial f}{\partial F}\right)+(K'_1-K'_2)\frac{\partial f}{\partial r}\right\}\frac{\phi}{A}$
$\left(\frac{dx}{dy}\right)_{m_n}$	$\frac{\frac{\partial f}{\partial r}-\phi'}{(-\phi')F'\frac{\partial f}{\partial F}}$	$\left(\frac{dx}{dy}\right)_{m_1}$	$\frac{g'-K'_2\frac{\partial f}{\partial r}}{K'_1\frac{\partial f}{\partial r}+g'F'\frac{\partial f}{\partial F}}$
$\left\{\frac{d(x+y)}{dy}\right\}_{m_n}$	$\frac{\left(\frac{\partial f}{\partial r}-\phi'\right)-\phi'F'\frac{\partial f}{\partial F}}{(-\phi')F'\frac{\partial f}{\partial F}}$	$\left\{\frac{d(x+y)}{dy}\right\}_{m_1}$	$\frac{g'\left(1+F'\frac{\partial f}{\partial F}\right)+(K'_1-K'_2)\frac{\partial f}{\partial r}}{K'_1\frac{\partial f}{\partial r}+g'F'\frac{\partial f}{\partial F}}$

（续表）

	m_4 变动
$\frac{dx}{dm_n}$	$\left\{\left(g'-K'_2\frac{\partial f}{\partial r}\right)(-r\phi')-\left(\frac{\partial f}{\partial r}-\phi'\right)\lambda_2K_2\psi\right\}\Big/A$
$\frac{dy}{dm_n}$	$\left\{\left(K'_1\frac{\partial f}{\partial r}+g'F'\frac{\partial f}{\partial F}\right)(-r\phi')+\phi'F'\frac{\partial f}{\partial F}\lambda_2K_2\psi\right\}\Big/A$
$\frac{dr}{dm_n}$	$\left\{\left(K'_1+K'_2F'\frac{\partial f}{\partial F}\right)(-r\phi')+F'\frac{\partial f}{\partial F}\lambda_2K_2\psi\right\}\Big/A$
$\frac{d(x+y)}{dm_n}$	$\left[\left\{g'\left(1+F'\frac{\partial f}{\partial F}\right)+(K'_1-K'_2)\frac{\partial f}{\partial r}\right\}(-r\phi')-\left(\frac{\partial f}{\partial r}-\phi'-\phi'F'\frac{\partial f}{\partial F}\right)\lambda_2K_2\psi\right]\Big/A$
$\left(\frac{dx}{dy}\right)_{m_n}$	$\frac{\left(g'-K'_2\frac{\partial f}{\partial r}\right)(-r\phi')-\left(\frac{\partial f}{\partial r}-\phi'\right)\lambda_2K_2\psi}{\left(K'_1\frac{\partial f}{\partial r}+g'F'\frac{\partial f}{\partial F}\right)(-r\phi')+\phi'F'\frac{\partial f}{\partial F}\lambda_2K_2\psi}$
$\left\{\frac{d(x+y)}{dy}\right\}_{m_n}$	$\frac{g'\left(1+F'\frac{\partial f}{\partial F}\right)+(K'_1-K'_2)\frac{\partial f}{\partial r}(-r\phi')-\left(\frac{\partial f}{\partial r}-\phi'-\phi'F'\frac{\partial f}{\partial F}\right)\lambda_2K_2\psi}{\left(K'_1\frac{\partial f}{\partial r}+g'F'\frac{\partial f}{\partial F}\right)(-r\phi')+\phi'F'\frac{\partial f}{\partial F}\lambda_2K_2\psi}$

（续表）

	m_5 变动	m_6 变动
$\frac{\mathrm{d}x}{\mathrm{d}m_n}$	$-(g'-K'_2\phi')\cdot\frac{\phi}{A}$	$\left\{-(g'-K'_2\phi')F\frac{\partial f}{\partial F}-\left(\frac{\partial f}{\partial r}-\phi'\right)\lambda_1K_1F\right\}\Big/A$
$\frac{\mathrm{d}y}{\mathrm{d}m_n}$	$-K'_1\phi'\cdot\frac{\phi}{A}$	$\left(-K'_1\phi'F\frac{\partial f}{\partial F}+\phi'F'\frac{\partial f}{\partial F}\cdot\lambda_1K_1F\right)\Big/A$
$\frac{\mathrm{d}r}{\mathrm{d}m_n}$	$-K'_1\frac{\phi}{A}$	$\left(-K'_1\cdot F\frac{\partial f}{\partial F}+F'\frac{\partial f}{\partial F}\cdot\lambda_1K_1F\right)\Big/A$
$\frac{\mathrm{d}(x+y)}{\mathrm{d}m_n}$	$-\{g'+(K'_1-K'_2)\phi'\}\frac{\phi}{A}$	$-\left[\{g'+(K'_1-K'_2)\phi'\}F\frac{\partial f}{\partial F}+\left(\frac{\partial f}{\partial r}-\phi'-\phi'F'\frac{\partial f}{\partial F}\right)\lambda_1K_1F\right]\Big/A$
$\left(\frac{\mathrm{d}x}{\mathrm{d}y}\right)_{m_n}$	$\frac{g'-K'_2\phi'}{K'_1\phi'}$	$\frac{(g'-K'_2\phi')F\frac{\partial f}{\partial F}+\left(\frac{\partial f}{\partial r}-\phi'\right)\lambda_1K_1F}{K'_1\phi'F\frac{\partial f}{\partial F}-\phi'F'\frac{\partial f}{\partial F}\cdot\lambda_1K_1F}$
$\left\{\frac{\mathrm{d}(x+y)}{\mathrm{d}y}\right\}_{m_n}$	$\frac{g'+(K'_1-K'_2)\phi'}{K'_1\phi'}$	$\frac{\{g'+(K'_1-K'_2)\phi'\}F\frac{\partial f}{\partial F}-\left(\frac{\partial f}{\partial r}-\phi'-\phi'F'\frac{\partial f}{\partial F}\right)\lambda_1K_1F}{K'_1\phi'F\frac{\partial f}{\partial F}-\phi'F'\frac{\partial f}{\partial F}\cdot\lambda_1K_1F}$

表Ⅱ

当 g' 为正且有限时，模型Ⅲ的形式

分母 $A = K'_1\left(\dfrac{\partial f}{\partial r} - \phi'\right) + F'\dfrac{\partial f}{\partial F}(g' - K'_2\phi')$ 。

		符号
D_1	$-\left\{\left(\dfrac{\partial f}{\partial r} - \phi'\right) - \phi' F'\dfrac{\partial f}{\partial F}\right\}\dfrac{g}{A}$	$-$
D_2	$-D_1$	$+$
D_3	$\left\{g'\left(1 + F'\dfrac{\partial f}{\partial F}\right) + (K'_1 - K'_2)\dfrac{\partial f}{\partial r}\right\}\dfrac{\phi}{A}$	$\pm$
D_4	$\left[\left\{g'\left(1 + F'\dfrac{\partial f}{\partial F}\right) + (K'_1 - K'_2)\dfrac{\partial f}{\partial r}\right\}(-r\phi') - \left(\dfrac{\partial f}{\partial r} - \phi' - \phi' F'\dfrac{\partial f}{\partial F}\right)\lambda_2 K_2 \psi\right]\Big/ A$	$\pm$
D_5	$-\{g' + (K'_1 - K'_2)\phi'\}\dfrac{\phi}{A}$	$\pm$
D_6	$\left[-\{g' + (K'_1 - K'_2)\phi'\} F\dfrac{\partial f}{\partial F} + \left(\dfrac{\partial f}{\partial r} - \phi' - \phi' F'\dfrac{\partial f}{\partial F}\right)\lambda_1 K_1 F\right]\Big/ A$	$\pm$
$\left.\begin{matrix} M_1 \\ M_2 \end{matrix}\right\}$	$\dfrac{\left(\dfrac{\partial f}{\partial r} - \phi'\right) - \phi' F'\dfrac{\partial f}{\partial F}}{(-\phi') F'\dfrac{\partial f}{\partial F}}$	$+$
M_3	$\dfrac{g'\left(1 + F'\dfrac{\partial f}{\partial F}\right) + (K'_1 - K'_2)\dfrac{\partial f}{\partial r}}{K'_1\dfrac{\partial f}{\partial r} + g' F'\dfrac{\partial f}{\partial F}}$	$\pm$

（续表）

		符号
M_4	$\dfrac{\left\{g'\left(1+F'\dfrac{\partial f}{\partial F}\right)+(K'_1-K'_2)\dfrac{\partial f}{\partial r}\right\}(-r\phi')-\left(\dfrac{\partial f}{\partial r}-\phi'-\phi'F'\dfrac{\partial f}{\partial F}\right)\lambda_2K_2\psi}{\left(K'_1\dfrac{\partial f}{\partial r}+g'F'\dfrac{\partial f}{\partial F}\right)(-r\phi')+\phi'F'\dfrac{\partial f}{\partial F}\lambda_2K_2\psi}$	$\pm$
M_5	$\dfrac{g'+(K'_1-K'_2)\phi'}{K'_1\phi'}$	$\pm$
M_6	$\dfrac{\{g'+(K'_1-K'_2)\phi'\}F\dfrac{\partial f}{\partial F}+\left(\dfrac{\partial f}{\partial r}-\phi'-\phi'F'\dfrac{\partial f}{\partial F}\right)\lambda_1K_1F}{K'_1\phi'F\dfrac{\partial f}{\partial F}-\phi'F'\dfrac{\partial f}{\partial F}\lambda_1K_1F}$	$\pm$
N_1	$\dfrac{F'\dfrac{\partial f}{\partial F}gg'}{K'_1K_2\left(\dfrac{\partial f}{\partial r}-\phi'\right)+F'\dfrac{\partial f}{\partial F}(K_2g'+K_1K'_2\phi')}$	$\pm$
N_2	$\dfrac{K'_1\left(\dfrac{\partial f}{\partial r}-\phi'\right)-K'_2\phi'F'\dfrac{\partial f}{\partial F}}{-K'_2\phi'\cdot F'\dfrac{\partial f}{\partial F}}$	$+$
N_3	$\dfrac{K'_1+K'_2F'\dfrac{\partial f}{\partial F}}{K'_1\dfrac{\partial f}{\partial r}+g'F'\dfrac{\partial f}{\partial F}}\cdot\dfrac{g'}{K'_2}$	$+$*
N_4	$\dfrac{\left(K'_1+K'_2F'\dfrac{\partial f}{\partial F}\right)(-g'r\phi')+g'F'\dfrac{\partial f}{\partial F}\lambda_2K_2\psi}{\left(K'_1\dfrac{\partial f}{\partial r}+g'F'\dfrac{\partial f}{\partial F}\right)(-K'_2r\phi')+\left\{K'_1\left(\dfrac{\partial f}{\partial r}-\phi'\right)+g'F'\dfrac{\partial f}{\partial F}\right\}\lambda_2K_2\psi}$	$\pm$
N_5 N_6	$\dfrac{g'}{K'_2\phi'}$	$-$

* 基于 $\dfrac{\partial f}{\partial r}$ 不为负的假设。

表 Ⅱ$_B$

当 g' 为正且有限、$\frac{\partial f}{\partial r}=0$ 时，模型Ⅲ的形式

分母 $A=-\left(K'_1+K'_2F'\frac{\partial f}{\partial F}\right)\phi'+g'F'\frac{\partial f}{\partial F}$。

		符号
D_1	$\left(1+F'\frac{\partial f}{\partial F}\right)\phi'\cdot\frac{g}{A}$	$-$
D_2	$-D_1$	$+$
D_3	$\left(1+F'\frac{\partial f}{\partial F}\right)g'\cdot\frac{\phi}{A}$	$+$
D_4	$\left[\left(1+F'\frac{\partial f}{\partial F}\right)(-g'r\phi'+\phi'\lambda_2K_2\psi)\right]\Big/A$	$\pm$
D_5	$-\{g'+(K'_1-K'_2)\phi'\}\frac{\phi}{A}$	$\pm$
D_6	$-\left[\{g'+(K'_1-K'_2)\phi'\}F\frac{\partial f}{\partial F}+\left(1+F'\frac{\partial f}{\partial F}\right)\phi'\lambda_1K_1F\right]\Big/A$	$\pm$
M_1, M_2	$\dfrac{1+F'\frac{\partial f}{\partial F}}{F'\frac{\partial f}{\partial F}}$	$+$
M_3	$\dfrac{1+F'\frac{\partial f}{\partial F}}{F'\frac{\partial f}{\partial F}}$	$+$

（续表）

		符号
M_4	$\dfrac{g'\left(1+F'\dfrac{\partial f}{\partial F}\right)(-r\phi')-\left(1+F'\dfrac{\partial f}{\partial F}\right)\phi'\lambda_2K_2\psi}{g'F'\dfrac{\partial f}{\partial F}(-r\phi')+\phi'F'\dfrac{\partial f}{\partial F}\lambda_2K_2\psi}$	±
M_5	$\dfrac{g'+(K'_1-K'_2)\phi'}{K'_1\phi'}$	±
M_6	$\dfrac{\{g'+(K'_1-K'_2)\phi'\}F\dfrac{\partial f}{\partial F}-\left(1+F'\dfrac{\partial f}{\partial F}\right)\phi'\lambda_1K_1F}{\phi'K'_1F\dfrac{\partial f}{\partial F}-\phi'F'\dfrac{\partial f}{\partial F}\lambda_1K_1F}$	±
N_1	$\dfrac{F'\dfrac{\partial f}{\partial F}gg'}{K_2g'F'\dfrac{\partial f}{\partial F}+K_1K'_2\phi'F'\dfrac{\partial f}{\partial F}-K'_1K_2\phi'}$	±
N_2	$\dfrac{K'_1+K'_2F'\dfrac{\partial f}{\partial F}}{K'_2F'\dfrac{\partial f}{\partial F}}$	+
N_3	$\dfrac{K'_1+K'_2F'\dfrac{\partial f}{\partial F}}{K'_2F'\dfrac{\partial f}{\partial F}}$	+
N_4	$\dfrac{\left(K'_1+K'_2F'\dfrac{\partial f}{\partial F}\right)(-g'r\phi')+g'F'\dfrac{\partial f}{\partial F}\lambda_2K_2\psi}{K'_2F'\dfrac{\partial f}{\partial F}(-g'r\phi')+\left(-K_1\phi'+g'F'\dfrac{\partial f}{\partial F}\right)\lambda_2K_2\psi}$	+
$\left.\begin{matrix}N_5\\N_6\end{matrix}\right\}$	$\dfrac{g'}{K'_2\phi'}$	−

表Ⅲ

当 $g'=0$ 时，模型Ⅲ的形式

分母 $A=K'_1\left(\frac{\partial f}{\partial r}-\phi'\right)-K'_2\phi'F'\frac{\partial f}{\partial F}$。

		符号
D_1	$-\left\{\left(\frac{\partial f}{\partial r}-\phi'\right)-\phi'F'\frac{\partial f}{\partial F}\right\}\frac{g}{A}$	$-$
D_2	$-D_1$	$+$
D_3	$(K'_1-K'_2)\frac{\partial f}{\partial r}\cdot\frac{\phi}{A}$	$\pm$
D_4	$\left[(K'_1-K'_2)\frac{\partial f}{\partial r}(-r\phi')-\left(\frac{\partial f}{\partial r}-\phi'-\phi'F'\frac{\partial f}{\partial F}\right)\lambda_2K_2\psi\right]\Big/A$	$\pm$
D_5	$-(K'_1-K'_2)\phi'\frac{\phi}{A}$	$\pm$
D_6	$-\left[(K'_1-K'_2)\phi'F\frac{\partial f}{\partial F}+\left(\frac{\partial f}{\partial r}-\phi'-\phi'F'\frac{\partial f}{\partial F}\right)\lambda_1K_1F\right]\Big/A$	$\pm$
M_1, M_2	$\frac{\left(\frac{\partial f}{\partial r}-\phi'\right)-\phi'F'\frac{\partial f}{\partial F}}{(-\phi')F'\frac{\partial f}{\partial F}}$	$+$
M_3*	$\frac{K'_1-K'_2}{K'_1}$	$\pm$

（续表）

		符号
M_4	$\dfrac{(K'_1 - K'_2)\dfrac{\partial f}{\partial r}(-r\phi') - \left(\dfrac{\partial f}{\partial r} - \phi' - \phi' F' \dfrac{\partial f}{\partial F}\right)\lambda_2 K_2 \psi}{K'_1 \dfrac{\partial f}{\partial r}(-r\phi') + \phi' F' \dfrac{\partial f}{\partial F}\lambda_2 K_2 \psi}$	±
M_5	$\dfrac{K'_1 - K'_2}{K'_1}$	±
M_6	$\dfrac{(K'_1 - K'_2)\phi' F \dfrac{\partial f}{\partial F} + \left(\dfrac{\partial f}{\partial r} - \phi' - \phi' F' \dfrac{\partial f}{\partial F}\right)\lambda_1 K_1 F}{K'_1 \phi' F \dfrac{\partial f}{\partial F} - \phi' F' \dfrac{\partial f}{\partial F}\lambda_1 K_1 F}$	±
N_1	0	
N_2	$\dfrac{K'_1\left(\dfrac{\partial f}{\partial r} - \phi'\right) - K'_2 \phi' F' \dfrac{\partial f}{\partial F}}{-K'_2 \phi' F' \dfrac{\partial f}{\partial F}}$	+
N_3, N_4	0	
N_5, N_6	0	

* 当 $\dfrac{\partial f}{\partial r}$ 也等于 0 时，$M_3 = \dfrac{0}{0}$（参见表Ⅱ）。

表Ⅳ

当 g' 无限时，模型Ⅲ的形式

		符号
D_1	0	
D_2^*	0	
D_3	$\dfrac{1+F'\dfrac{\partial f}{\partial F}}{F'\dfrac{\partial f}{\partial F}}\cdot\phi$	+
D_4	$\dfrac{1+F'\dfrac{\partial f}{\partial F}}{F'\dfrac{\partial f}{\partial F}}(-r\phi')$	+
D_5	$-\dfrac{\phi}{F'\dfrac{\partial f}{\partial F}}$	−
D_6	$-\dfrac{F}{F'}$	−
M_1	$\dfrac{0}{0}$	
M_2^*	$\dfrac{0}{0}$	
M_3, M_4	$\dfrac{1+F'\dfrac{\partial f}{\partial F}}{F'\dfrac{\partial f}{\partial F}}$	+

（续表）

		符号
M_5, M_6	∞	+
N_1	$\dfrac{g}{K_2}$	+
N_2^*	$\dfrac{0}{0}$	
N_3	$\dfrac{K'_1+K'_2F'\dfrac{\partial f}{\partial F}}{K'_2F'\dfrac{\partial f}{\partial F}}$	+
N_4	$\dfrac{\left(K'_1+K'_2F'\dfrac{\partial f}{\partial F}\right)(-r\phi')}{F'\dfrac{\partial f}{\partial F}(-K'_2r\phi'+\lambda_2K_2\psi)}$	±
N_5, N_6	∞	+

* 在第三编第十章第三节的解释中，$D_2=-\dfrac{\left(\dfrac{\partial f}{\partial F}-\phi'\right)-\phi'F'\dfrac{\partial f}{\partial F}}{F'\dfrac{\partial f}{\partial F}}$，其值为负；同时，

$M_2=\dfrac{\left(\dfrac{\partial f}{\partial F}-\phi'\right)-\phi'F'\dfrac{\partial f}{\partial F}}{-\phi'F'\dfrac{\partial f}{\partial F}}$，$N_2=\dfrac{K'_1\left(\dfrac{\partial f}{\partial F}-\phi'\right)-K'_2\phi'F'\dfrac{\partial f}{\partial F}}{-K'_2\phi'F'\dfrac{\partial f}{\partial F}}$，其值都为正。

表 V

当 $\dfrac{\mathbf{d}}{\mathbf{d}m_n}\left(\dfrac{K_1 m_1}{F m_2 m_6}\right)=0$ 时，模型Ⅲ的形式

$$\frac{\mathrm{d}x}{\mathrm{d}m_1} = -\frac{1}{\dfrac{K'_1}{K_1}-\dfrac{F'}{F}} = -\frac{\mathrm{d}x}{\mathrm{d}m_2}\ ;\ \frac{\mathrm{d}x}{\mathrm{d}m_3}=\frac{\mathrm{d}x}{\mathrm{d}m_4}=\frac{\mathrm{d}x}{\mathrm{d}m_5}=0\ ;\ \frac{\mathrm{d}x}{\mathrm{d}m_6}=$$

$$\frac{1-\lambda_1 F}{\dfrac{K'_1}{K_1}-\dfrac{F'}{F}}\text{。}$$

		符号
D_1	$-\dfrac{\left(\dfrac{\partial f}{\partial r}-\phi'\right)-\phi' F' \dfrac{\partial f}{\partial F}}{\dfrac{\partial f}{\partial r}-\phi'}\cdot\dfrac{1}{\dfrac{K'_1}{K_1}-\dfrac{F'}{F}}$	−
D_2	$-D_1$	+
D_3^*	$\dfrac{\dfrac{\partial f}{\partial r}}{\dfrac{\partial f}{\partial r}-\phi'}\cdot\phi$	+
D_4^*	$\dfrac{\dfrac{\partial f}{\partial r}}{\dfrac{\partial f}{\partial r}-\phi'}\cdot(-r\phi')$	+
D_5	$\dfrac{-\phi'}{\dfrac{\partial f}{\partial r}-\phi'}\cdot\phi$	+
D_6	$\dfrac{\left(\dfrac{\partial f}{\partial r}-\phi'\right)-\dfrac{K'_1}{K_1}\phi' F\dfrac{\partial f}{\partial F}-\left(\dfrac{\partial f}{\partial r}-\phi'-\phi' F'\dfrac{\partial f}{\partial F}\right)\lambda_1 F}{\left(\dfrac{\partial f}{\partial r}-\phi'\right)}\cdot\dfrac{1}{\dfrac{K'_1}{K_1}-\dfrac{F'}{F}}$	±

（续表）

		符号
M_1, M_2	$\dfrac{\left(\dfrac{\partial f}{\partial r}-\phi'\right)-\phi' F' \dfrac{\partial f}{\partial F}}{-\phi' F' \dfrac{\partial f}{\partial F}}$	+
M_3, M_4	1	+
M_5	1	+
M_6	$\dfrac{\left(\dfrac{\partial f}{\partial r}-\phi'\right)-\dfrac{K'_1}{K_1}\phi' F \dfrac{\partial f}{\partial F}-\left(\dfrac{\partial f}{\partial r}-\phi'-\phi' F' \dfrac{\partial f}{\partial F}\right)\lambda_1 F}{-\dfrac{K'_1}{K_1}\phi' F \dfrac{\partial f}{\partial F}+\phi' F' \dfrac{\partial f}{\partial F}\lambda_1 F}$	±
N_1	$\dfrac{\left\{\left(\dfrac{K'_1}{K_1}-\dfrac{F'}{F}\right)-\dfrac{K_1}{K_2}\cdot\dfrac{F'}{F}\right\}\left\{\dfrac{\partial f}{\partial r}-\phi'\right\}+\dfrac{K'_2}{K_2}\phi' F' \dfrac{\partial f}{\partial F}}{\left(\dfrac{K'_1}{K_1}-\dfrac{F'}{F}\right)\left(\dfrac{\partial f}{\partial r}-\phi'\right)+\dfrac{K'_2}{K_2}\phi' F' \dfrac{\partial f}{\partial F}}$	±
N_2	$\dfrac{\left(\dfrac{\partial f}{\partial r}-\phi'\right)-\dfrac{K'_2}{K'_1}\phi' F' \dfrac{\partial f}{\partial F}}{-\dfrac{K'_2}{K'_1}\phi' F' \dfrac{\partial f}{\partial F}}$	+
N_3, N_4	1	+
N_5	1	+
N_6	$\dfrac{K'_1\left(\dfrac{\partial f}{\partial r}-\phi'\right)-\phi' K'_2 F \dfrac{\partial f}{\partial F}}{-\phi' K'_2 F \dfrac{\partial f}{\partial F}}$	+

* 基于 $\dfrac{\partial f}{\partial r}$ 为正的假设，D_3 和 D_4 的符号当然只能为正。

表 V_B（表 V 的特殊情况）

当 $\frac{\mathbf{d}}{\mathbf{d}m_n}\left(\frac{K_1 m_1}{F m_2 m_6}\right)=0$ 且 $\frac{\partial f}{\partial r}=0$ 时，模型 Ⅲ 的形式

$\frac{\mathrm{d}x}{\mathrm{d}m_1} = -\frac{1}{\frac{K'_1}{K_1}-\frac{F'}{F}} = -\frac{\mathrm{d}x}{\mathrm{d}m_2}$；$\frac{\mathrm{d}x}{\mathrm{d}m_3}=\frac{\mathrm{d}x}{\mathrm{d}m_4}=\frac{\mathrm{d}x}{\mathrm{d}m_5}$；$\frac{\mathrm{d}x}{\mathrm{d}m_6}=\frac{1-\lambda_1 F}{\frac{K'_1}{K_1}-\frac{F'}{F}}$。

		符号
D_1	$-\left(1+F'\frac{\partial f}{\partial F}\right)\frac{1}{\frac{K'_1}{K_1}-\frac{F'}{F}}$	$\pm$
D_2	$-D_1$	$\pm$
D_3	0	
D_4	0	
D_5	ϕ	$+$
D_6	$\left\{1+\frac{K'_1}{K_1}F\frac{\partial f}{\partial F}-\left(1+F'\frac{\partial f}{\partial F}\right)\lambda_1 F\right\}\frac{1}{\frac{K'_1}{K_1}-\frac{F'}{F}}$	$\pm$
$\left.\begin{matrix}M_1\\M_2\end{matrix}\right\}$	$\frac{1+F'\frac{\partial f}{\partial F}}{F'\frac{\partial f}{\partial F}}$	$+$

（续表）

		符号
M_3, M_4	$\frac{0}{0}$	
M_5	1	+
M_6	$\dfrac{1+\frac{K'_1}{K_1}F\frac{\partial f}{\partial F}-\left(1+F'\frac{\partial f}{\partial F}\right)\lambda_1 F}{\frac{K'_1}{K_1}F\frac{\partial f}{\partial F}-F'\frac{\partial f}{\partial F}\lambda_1 F}$	±
N_1	$\dfrac{\left(\frac{K'_1}{K_1}-\frac{F'}{F}\right)-\frac{K_1}{K_2}\cdot\frac{F'}{F}-\frac{K'_2}{K_2}F'\frac{\partial f}{\partial F}}{\left(\frac{K'_1}{K_1}-\frac{F'}{F}\right)-\frac{K'_2}{K_2}F'\frac{\partial f}{\partial F}}$	±
N_2	$\dfrac{1+\frac{K'_2}{K'_1}F'\frac{\partial f}{\partial F}}{\frac{K'_2}{K'_1}F'\frac{\partial f}{\partial F}}$	+
N_3, N_4	$\frac{0}{0}$	
N_5	1	+
N_6	$\dfrac{K'_1+K'_2F\frac{\partial f}{\partial F}}{K'_2F\frac{\partial f}{\partial F}}$	+

表 Ⅵ

当 g' 为正且有限时，模型 Ⅱ 的形式

分母 $A=\left(\frac{\partial f}{\partial r}-\phi'\right)\frac{\mathrm{d}}{\mathrm{d}x}\left(\frac{F}{F'}\right)+F'\frac{\partial f}{\partial F}\left\{g'-\phi'\frac{\mathrm{d}}{\mathrm{d}y}\left(\frac{\psi}{\psi'}\right)\right\}$。

		符号
D_1	$-\left\{\left(\frac{\partial f}{\partial r}-\phi'\right)-\phi'F'\frac{\partial f}{\partial F}\right\}\frac{g}{A}$	$-$
D_2	$-D_1$	$+$
D_3	$\left[g'\left\{1+F'\frac{\partial f}{\partial F}\right\}+\frac{\partial f}{\partial r}\left\{\frac{\mathrm{d}}{\mathrm{d}x}\left(\frac{F}{F'}\right)-\frac{\mathrm{d}}{\mathrm{d}y}\left(\frac{\psi}{\psi'}\right)\right\}\right]\frac{\phi}{A}$	$\pm$
D_4	$\left[g'\left\{1+F'\frac{\partial f}{\partial F}\right\}+\frac{\partial f}{\partial r}\left\{\frac{\mathrm{d}}{\mathrm{d}x}\left(\frac{F}{F'}\right)-\frac{\mathrm{d}}{\mathrm{d}y}\left(\frac{\psi}{\psi'}\right)\right\}\right]\frac{(-r\phi')}{A}$	$\pm$
D_5	$-\left[g'+\phi'\left\{\frac{\mathrm{d}}{\mathrm{d}x}\left(\frac{F}{F'}\right)-\frac{\mathrm{d}}{\mathrm{d}y}\left(\frac{\psi}{\psi'}\right)\right\}\right]\frac{\phi}{A}$	$\pm$
D_6	$-\left[g'+\phi'\left\{\frac{\mathrm{d}}{\mathrm{d}x}\left(\frac{F}{F'}\right)-\frac{\mathrm{d}}{\mathrm{d}y}\left(\frac{\psi}{\psi'}\right)\right\}\right]\frac{F\frac{\partial f}{\partial F}}{A}$	$\pm$
$\left.\begin{matrix}M_1\\M_2\end{matrix}\right\}$	$\frac{\left(\frac{\partial f}{\partial r}-\phi'\right)-\phi'F'\frac{\partial f}{\partial F}}{-\phi'F'\frac{\partial f}{\partial F}}$	$+$

（续表）

		符号
$\left.\begin{matrix}M_3\\M_4\end{matrix}\right\}$	$\dfrac{g'\left(1+F'\dfrac{\partial f}{\partial F}\right)+\dfrac{\partial f}{\partial r}\left\{\dfrac{\mathrm{d}}{\mathrm{d}x}\left(\dfrac{F}{F'}\right)-\dfrac{\mathrm{d}}{\mathrm{d}y}\left(\dfrac{\psi}{\psi'}\right)\right\}}{\dfrac{\partial f}{\partial r}\dfrac{\mathrm{d}}{\mathrm{d}x}\left(\dfrac{F}{F'}\right)+g'F'\dfrac{\partial f}{\partial F}}$	$\pm$
$\left.\begin{matrix}M_5\\M_6\end{matrix}\right\}$	$\dfrac{g'+\phi'\left\{\dfrac{\mathrm{d}}{\mathrm{d}x}\left(\dfrac{F}{F'}\right)-\dfrac{\mathrm{d}}{\mathrm{d}y}\left(\dfrac{\psi}{\psi'}\right)\right\}}{\phi'\dfrac{\mathrm{d}}{\mathrm{d}x}\left(\dfrac{F}{F'}\right)}$	$\pm$
N_1	$\dfrac{F'\dfrac{\partial f}{\partial F}gg'}{\dfrac{\psi}{\psi'}\left\{\dfrac{\partial f}{\partial r}-\phi'\right\}\dfrac{\mathrm{d}}{\mathrm{d}x}\left(\dfrac{F}{F'}\right)+F'\dfrac{\partial f}{\partial F}\left\{g'\dfrac{\psi}{\psi'}+\phi'\dfrac{F}{F'}\dfrac{\mathrm{d}}{\mathrm{d}y}\left(\dfrac{\psi}{\psi'}\right)\right\}}$	$+$
N_2	$\dfrac{\left\{\dfrac{\partial f}{\partial r}-\phi'\right\}\dfrac{\mathrm{d}}{\mathrm{d}x}\left(\dfrac{F}{F'}\right)-\phi'F'\dfrac{\partial f}{\partial F}\dfrac{\mathrm{d}}{\mathrm{d}y}\left(\dfrac{\psi}{\psi'}\right)}{-\phi'F'\dfrac{\partial f}{\partial F}\dfrac{\mathrm{d}}{\mathrm{d}y}\left(\dfrac{\psi}{\psi'}\right)}$	$+$
$\left.\begin{matrix}N_3\\N_4\end{matrix}\right\}$	$\dfrac{\dfrac{\mathrm{d}}{\mathrm{d}x}\left(\dfrac{F}{F'}\right)+F'\dfrac{\partial f}{\partial F}\dfrac{\mathrm{d}}{\mathrm{d}y}\left(\dfrac{\psi}{\psi'}\right)}{\dfrac{\partial f}{\partial r}\dfrac{\mathrm{d}}{\mathrm{d}x}\left(\dfrac{F}{F'}\right)+g'F'\dfrac{\partial f}{\partial F}}\cdot\dfrac{g'}{\dfrac{\mathrm{d}}{\mathrm{d}y}\left(\dfrac{\psi}{\psi'}\right)}$	$+$
$\left.\begin{matrix}N_5\\N_6\end{matrix}\right\}$	$\dfrac{1}{\phi'}\cdot\dfrac{g'}{\dfrac{\mathrm{d}}{\mathrm{d}y}\left(\dfrac{\psi}{\psi'}\right)}$	$-$

表Ⅶ

当 g' 为正且有限时，模型Ⅰ的形式

模型Ⅰ(B)。$K_1=\left(1-\frac{1}{\eta_1}\right)\frac{F}{F_1}=Cx$，所以 $K_1{}'=C$；分母 $A=C\left(\frac{\partial f}{\partial r}-\phi'\right)+F'\frac{\partial f}{\partial F}(g'-C\phi')$

模型Ⅰ(A)。当 $\eta_1\rightarrow\infty$时，可以从模型Ⅰ(B)中得到 $K_1{}'=\frac{F}{F_1}=C_1x$

因此，除了 C_1 必须用 C 代替外，模型Ⅰ(A)和模型Ⅰ(B)的形式相同。

		符号
D_1	$-\left\{\left(\frac{\partial f}{\partial r}-\phi'\right)-\phi'F'\frac{\partial f}{\partial F}\right\}\cdot\frac{g}{A}$	−
D_2	$-D_1$	+
D_3	$g'\left(1+F'\frac{\partial f}{\partial F}\right)\frac{\phi}{A}$	+
D_4	$g'\left(1+F'\frac{\partial f}{\partial F}\right)\cdot\frac{(-r\phi')}{A}$	+
D_5	$-g'\cdot\frac{\phi}{A}$	−
D_6	$-g'\cdot\frac{F\frac{\partial f}{\partial F}}{A}$	−

（续表）

		符号
$\left.\begin{matrix}M_1\\M_2\end{matrix}\right\}$	$\dfrac{\left(\dfrac{\partial f}{\partial r}-\phi'\right)-\phi'F'\dfrac{\partial f}{\partial F}}{-\phi'F'\dfrac{\partial f}{\partial F}}$	+
$\left.\begin{matrix}M_3\\M_4\end{matrix}\right\}$	$\dfrac{\left(1+F'\dfrac{\partial f}{\partial F}\right)g'}{C\dfrac{\partial f}{\partial r}+g'F'\dfrac{\partial f}{\partial F}}$	+
$\left.\begin{matrix}M_5\\M_6\end{matrix}\right\}$	$\dfrac{g'}{C\phi'}$	−
N_1	$\dfrac{F'\dfrac{\partial f}{\partial F}gg'}{C^2y\left(\dfrac{\partial f}{\partial r}-\phi'\right)+CF'\dfrac{\partial f}{\partial F}(yg'+Cx\phi')}$	±
N_2	$\dfrac{\left(\dfrac{\partial f}{\partial r}-\phi'\right)-\phi'F'\dfrac{\partial f}{\partial F}}{-\phi'F'\dfrac{\partial f}{\partial F}}$	+
$\left.\begin{matrix}N_3\\N_4\end{matrix}\right\}$	$\dfrac{\left(1+F'\dfrac{\partial f}{\partial F}\right)g'}{C\dfrac{\partial f}{\partial r}+g'F'\dfrac{\partial f}{\partial F}}$	+
$\left.\begin{matrix}N_5\\N_6\end{matrix}\right\}$	$\dfrac{g'}{C\phi'}$	−

表Ⅶ$_B$（表Ⅶ的特殊情况）

当 g' 为正且有限、$\frac{\partial f}{\partial r}=0$ 时，模型Ⅰ的形式

在模型Ⅰ(B)中，$K'_1=K'_2=C$。分母 $A=-C\phi'\left(1+F'\frac{\partial f}{\partial F}\right)+g'F'\frac{\partial f}{\partial F}$。

在模型Ⅰ(A)中，把 C_1 用C代替。

		符号
D_1	$\left(1+F'\frac{\partial f}{\partial F}\right)\phi'\cdot\frac{g}{A}$	−
D_2	$-D_1$	+
D_3	$(1+F'\frac{\partial f}{\partial F})g'\cdot\frac{\phi}{A}$	+
D_4	$\left(1+F'\frac{\partial f}{\partial F}\right)g'\cdot\frac{(-r\phi')}{A}$	+
D_5	$-\frac{g'\phi}{A}$	−
D_6	$-g'\frac{F\frac{\partial f}{\partial F}}{A}$	−
M_1, M_2	$\frac{1+F'\frac{\partial f}{\partial F}}{F'\frac{\partial f}{\partial F}}$	+

（续表）

		符号
M_3, M_4	$\dfrac{1+F'\dfrac{\partial f}{\partial F}}{F'\dfrac{\partial f}{\partial F}}$	+
M_5, M_6	$\dfrac{g'}{C\phi'}$	−
N_1	$\dfrac{F'\dfrac{\partial f}{\partial F}gg'}{Cyg'F'\dfrac{\partial f}{\partial F}+C^2\phi'\left(xF'\dfrac{\partial f}{\partial F}-y\right)}$	±
N_2	$\dfrac{1+F'\dfrac{\partial f}{\partial F}}{F'\dfrac{\partial f}{\partial F}}$	+
N_3, N_4	$\dfrac{1+F'\dfrac{\partial f}{\partial F}}{F'\dfrac{\partial f}{\partial F}}$	+
N_5, N_6	$\dfrac{g'}{C\phi'}$	−

表Ⅷ

当 $g'=0$ 时，模型Ⅰ的形式

在模型Ⅰ(B)中，$K'_1=K'_2=C$。

在模型Ⅰ(A)中，$K'_1=K'_2=C_1$。

		符号
D_1	$-\frac{g}{C}$	−
D_2	$-D_1$	+
D_3, D_4, D_5, D_6	0	
M_1, M_2	$\frac{\left(\frac{\partial f}{\partial r}-\phi'\right)-\phi' F' \frac{\partial f}{\partial F}}{-\phi' F' \frac{\partial f}{\partial F}}$	+
M_3, M_4, M_5, M_6	0	
N_1	0	

（续表）

		符号
N_2	$\dfrac{\left(\dfrac{\partial f}{\partial r}-\phi'\right)-\phi'F'\dfrac{\partial f}{\partial F}}{-\phi'F'\dfrac{\partial f}{\partial F}}$	+
$\left.\begin{matrix}N_3\\N_4\\N_5\\N_6\end{matrix}\right\}$	0	

表 Ⅸ

当 $\dfrac{\mathrm{d}}{\mathrm{d}m_n}\left(\dfrac{K_1 m_1}{Fm_2 m_6}\right)=\dfrac{\mathrm{d}}{\mathrm{d}m_n}\left(\dfrac{Cxm_1}{Fm_2 m_6}\right)=0$ 时，模型Ⅰ的形式

在模型Ⅰ（B）中，$K_1=\dfrac{F}{\left(1-\dfrac{1}{\eta_1}\right)F'}=Cx$，所以 $K'_1=C\left(\dfrac{K'_1}{K_1}-\dfrac{F'}{F}\right)=\dfrac{C-\left(1-\dfrac{1}{\eta_1}\right)}{Cx}$。

$\dfrac{\mathrm{d}x}{\mathrm{d}m_1}=-\dfrac{Cx}{C-\left(1-\dfrac{1}{\eta_1}\right)}=-\dfrac{\mathrm{d}x}{\mathrm{d}m_2}$；$\dfrac{\mathrm{d}x}{\mathrm{d}m_3}=\dfrac{\mathrm{d}x}{\mathrm{d}m_4}=\dfrac{\mathrm{d}x}{\mathrm{d}m_5}=0$；$\dfrac{\mathrm{d}x}{\mathrm{d}m_6}=\dfrac{Cx}{C-\left(1-\dfrac{1}{\eta_1}\right)}$。

我们知道(参见前面第五节),$(C-1)$为正,因此,更不用说$\left\{C-\left(1-\frac{1}{\eta_1}\right)\right\}$为正。

当把 C 用 C_1 代替 且 $\frac{1}{\eta_1}=0$ 时,可以从模型Ⅰ(B)中得到模型Ⅰ(A)。

		符号
D_1	$-\frac{\left(\frac{\partial f}{\partial r}-\phi'\right)-\phi' F' \frac{\partial f}{\partial F}}{\left(\frac{\partial f}{\partial r}-\phi'\right)} \cdot \frac{Cx}{C-\left(1-\frac{1}{\eta_1}\right)}$	$-$
D_2	$-D_1$	$+$
D_3^*	$\frac{\frac{\partial f}{\partial r}}{\left(\frac{\partial f}{\partial r}-\phi'\right)} \cdot \phi$	$+$
D_4^*	$\frac{\frac{\partial f}{\partial r}}{\left(\frac{\partial f}{\partial r}-\phi'\right)} \cdot (-r\phi')$	$+$
D_5	$\frac{-\phi'}{\left(\frac{\partial f}{\partial r}-\phi'\right)} \cdot \phi$	$+$
D_6	$\frac{\left(\frac{\partial f}{\partial r}-\phi'\right)-\frac{1}{x}\phi' F \frac{\partial f}{\partial F}}{\left(\frac{\partial f}{\partial r}-\phi'\right)} \cdot \frac{Cx}{C-\left(1-\frac{1}{\eta_1}\right)}$	$+$
M_1, M_2	$\frac{\left(\frac{\partial f}{\partial r}-\phi'\right)-\phi' F' \frac{\partial f}{\partial F}}{-\phi' F' \frac{\partial f}{\partial F}}$	$+$

（续表）

		符号
M_3 M_4	1	+
M_5	1	+
M_6	$\dfrac{x\left(\dfrac{\partial f}{\partial r}-\phi'\right)-\phi' F\dfrac{\partial f}{\partial F}}{-\phi' F\dfrac{\partial f}{\partial F}}$	+
N_1	$\dfrac{\left[\left\{C-\left(1-\dfrac{1}{\eta_1}\right)\right\}y-x\right]\left(\dfrac{\partial f}{\partial r}-\phi'\right)+Cx\phi' F'\dfrac{\partial f}{\partial F}}{\left\{C-\left(1-\dfrac{1}{\eta_1}\right)\right\}y\left(\dfrac{\partial f}{\partial r}-\phi'\right)+Cx\phi' F'\dfrac{\partial f}{\partial F}}$	±
N_2	$\dfrac{\left(\dfrac{\partial f}{\partial r}-\phi'\right)-\phi' F'\dfrac{\partial f}{\partial F}}{-\phi' F'\dfrac{\partial f}{\partial F}}$	+
N_3 N_4	1	+
N_5	1	+
N_6	$\dfrac{x\left(\dfrac{\partial f}{\partial r}-\phi'\right)-\phi' F\dfrac{\partial f}{\partial F}}{-\phi' F\dfrac{\partial f}{\partial F}}$	+

* 基于 $\frac{\partial f}{\partial r}$ 为正的假设，D_3 和 D_4 的符号当然只能为正。

表Ⅴ和表Ⅸ的注释

在 $\frac{\mathrm{d}}{\mathrm{d}m_n}\left(\frac{K_1 m_1}{F m_2 m_6}\right)=0$，也就是 $\frac{\mathrm{d}}{\mathrm{d}x}\left(\frac{K_1}{F}\right)=0$，或者，等价于 $\frac{K'_1}{K_1}-\frac{F'}{F}=0$ 的条件下，我们对所有比率的分析都不成立。

对于模型Ⅲ来说，由于 $K_1=\frac{F}{\left(1-\frac{1}{\eta_1}\right)F'}$，因此当

$$\frac{\mathrm{d}}{\mathrm{d}x}\left\{\frac{1}{\left(1-\frac{1}{\eta_1}\right)F'}\right\}=0,$$

也就是说，当 $F''=-\frac{\frac{\mathrm{d}\eta_1}{\mathrm{d}F}(F')^2}{(\eta_1-1)\eta_1}$ 时，这种情况会出现。

对于模型Ⅱ来说，由于 $K_1=\frac{F}{F'}$，成立的条件为

$$\frac{\mathrm{d}}{\mathrm{d}x}\left(\frac{1}{F'}\right)=0,$$

即当 $F''=0$ 时。

对于模型Ⅰ(B)来说，成立的条件为

$$\frac{\mathrm{d}}{\mathrm{d}x}\left(\frac{Cx}{F}\right)=0。$$

由于 $K_1=\frac{F}{\left(1-\frac{1}{\eta_1}\right)F'}=Cx$，所以，我们有 $\frac{F}{xF'}=C\left(1-\frac{1}{\eta_1}\right)=1$。现在，我们在第五节看到，由于 C 度量的是总收入除以工资收入，所以 C 一定大于1。但并不能得到 $C\left(1-\frac{1}{\eta_1}\right)>1$。因此上面的等式可能成立。我们的分析不成立的条件是 $F''=0$、$\frac{\mathrm{d}\eta_1}{\mathrm{d}F}=0$ 且 η_1 不是无限。

对于模型Ⅰ(A)来说，成立条件为

$$\frac{C_1 F'}{F}-\frac{F'}{F}=0,$$ 也就是说 $C_1=1$ 或 $F''=0$。

但是 C_1 肯定大于1且 F' 肯定为正。因此，对模型Ⅰ(A)来说，上面的条件不成立，我们的分析总成立。

附录二

第七节

假设 $(-\phi')$、$\frac{\partial f}{\partial r}$、$F'\frac{\partial f}{\partial F}$、$K'_1$ 和 K'_2 总为正，对于模型Ⅰ(A)来说，我们想知道 g'、$\frac{\partial f}{\partial r}$、$(-\phi')$ 和 $F'\frac{\partial f}{\partial F}$ 差别的大小是如何影响各个 D 数值的大小。

在随后各表中，各个 D 分别在情形(a)当 g' 为正且有限时和情形(b)当

$$\frac{\mathrm{d}}{\mathrm{d}m_n}\left(\frac{C_1 x m_1}{F m_2 m_6}\right)=0$$

时对 g'、$\frac{\partial f}{\partial r}$、$(-\phi')$ 和 $F'\frac{\partial f}{\partial F}$ 求导数。

表格说明

X．　对于模型Ⅰ(A)来说，当 g' 为正且有限时，对 g'、$\frac{\partial f}{\partial r}$、$(-\phi')$ 和 $F'\frac{\partial f}{\partial F}$ 求导数的表。

Ⅺ. 对于模型Ⅰ(A)来说，当 $\frac{\mathrm{d}}{\mathrm{d}m_n}\left(\frac{C_1 x m_1}{F m_2 m_6}\right)=0$ 时，对 $\frac{\partial f}{\partial r}$、$(-\phi')$ 以及 $F'\frac{\partial f}{\partial F}$ 求导数的表。

表Ⅹ

当 g′ 为正且有限时，模型Ⅰ(A)的导数

$$A=C_1\left(\frac{\partial f}{\partial r}-\phi'\right)+F'\frac{\partial f}{\partial F}(g'-C_1\phi')\ 。$$

		符号
$\frac{\partial D_1}{\partial\left(\frac{\partial f}{\partial r}\right)}$	$-F'\frac{\partial f}{\partial F}\cdot\frac{gg'}{A^2}$	$-$
$\frac{\partial D_2}{\partial\left(\frac{\partial f}{\partial r}\right)}$	$-\frac{\partial D_1}{\partial\left(\frac{\partial f}{\partial r}\right)}$	$+$
$\frac{\partial D_3}{\partial\left(\frac{\partial f}{\partial r}\right)}$	$-(1+F'\frac{\partial f}{\partial F})\cdot\frac{C_1 g'\phi}{A^2}$	$-$
$\frac{\partial D_4}{\partial\left(\frac{\partial f}{\partial r}\right)}$	$-\left(1+F'\frac{\partial f}{\partial F}\right)\cdot\frac{C_1 g'(-r\phi')}{A^2}$	$-$
$\frac{\partial D_5}{\partial\left(\frac{\partial f}{\partial r}\right)}$	$\frac{C_1 g'\phi}{A^2}$	$+$
$\frac{\partial D_6}{\partial\left(\frac{\partial f}{\partial r}\right)}$	$\frac{C_1 g' F\frac{\partial f}{\partial F}}{A^2}$	$+$

（续表）

		符号
$\frac{\partial D_1}{\partial(-\phi')}$	$-\left(1+F'\frac{\partial f}{\partial F}\right)F'\frac{\partial f}{\partial F}\cdot\frac{gg'}{A^2}$	$-$
$\frac{\partial D_2}{\partial(-\phi')}$	$-\frac{\partial D_1}{\partial(-\phi')}$	$+$
$\frac{\partial D_3}{\partial(-\phi')}$	$-\left(1+F'\frac{\partial f}{\partial F}\right)^2\cdot\frac{C_1 g'\phi}{A^2}$	$-$
$\frac{\partial D_4}{\partial(-\phi')}$	$-\left(1+F'\frac{\partial f}{\partial F}\right)\left(C_1\frac{\partial f}{\partial F}+g'F'\frac{\partial f}{\partial F}\right)\cdot\frac{g'r}{A^2}$	$-$
$\frac{\partial D_5}{\partial(-\phi')}$	$\left(1+F'\frac{\partial f}{\partial F}\right)\cdot\frac{C_1 g'\phi}{A^2}$	$+$
$\frac{\partial D_6}{\partial(-\phi')}$	$\left(1+F'\frac{\partial f}{\partial F}\right)\cdot\frac{C_1 g'F\frac{\partial f}{\partial F}}{A^2}$	$+$
$\frac{\partial D_1}{\partial g'}$	$\left\{\left(\frac{\partial f}{\partial r}-\phi'\right)-\phi'F'\frac{\partial f}{\partial F}\right\}F'\frac{\partial f}{\partial F}\cdot\frac{g}{A^2}$	$+$
$\frac{\partial D_2}{\partial g'}$	$-\frac{\partial D_1}{\partial g'}$	$-$
$\frac{\partial D_3}{\partial g'}$	$\left\{\left(\frac{\partial f}{\partial r}-\phi'\right)-\phi'F'\frac{\partial f}{\partial F}\right\}\left(1+F'\frac{\partial f}{\partial F}\right)\cdot\frac{C_1(-r\phi')}{A^2}$	$+$
$\frac{\partial D_4}{\partial g'}$	$\left\{\left(\frac{\partial f}{\partial r}-\phi'\right)-\phi'F'\frac{\partial f}{\partial F}\right\}\left(1+F'\frac{\partial f}{\partial F}\right)\cdot\frac{C_1\phi}{A^2}$	$+$

（续表）

		符号
$\frac{\partial D_5}{\partial g'}$	$-\left\{\left(\frac{\partial f}{\partial r}-\phi'\right)-\phi' F' \frac{\partial f}{\partial F}\right\} \cdot \frac{C_1 \phi}{A^2}$	$-$
$\frac{\partial D_6}{\partial g'}$	$-\left\{\left(\frac{\partial f}{\partial r}-\phi'\right)-\phi' F' \frac{\partial f}{\partial F}\right\} \frac{C_1 F \frac{\partial f}{\partial F}}{A^2}$	$-$
$\frac{\partial D_1}{\partial\left(F' \frac{\partial f}{\partial F}\right)}$	$\left\{\left(\frac{\partial f}{\partial r}-\phi'\right) g'+C_1 \phi'\left(\frac{\partial f}{\partial r}-\phi'-\phi' F' \frac{\partial f}{\partial F}\right)\right\} \cdot \frac{g}{A^2}$	$\pm$
$\frac{\partial D_2}{\partial\left(F' \frac{\partial f}{\partial F}\right)}$	$-\frac{\partial D_1}{\partial\left(F' \frac{\partial f}{\partial F}\right)}$	$\pm$
$\frac{\partial D_3}{\partial\left(F' \frac{\partial f}{\partial F}\right)}$	$\left\{-g'+C_1 \phi'\left(\frac{\partial f}{\partial r}-\phi'-\phi' F' \frac{\partial f}{\partial F}\right)\right\} \cdot \frac{g' \phi}{A^2}$	$-$
$\frac{\partial D_4}{\partial\left(F' \frac{\partial f}{\partial F}\right)}$	$\left\{-g'+C_1 \phi'\left(\frac{\partial f}{\partial r}-\phi'-\phi' F' \frac{\partial f}{\partial F}\right)\right\} \cdot \frac{g'(-r' \phi)}{A^2}$	$-$
$\frac{\partial D_5}{\partial\left(F' \frac{\partial f}{\partial F}\right)}$	$\frac{(g')^2 \phi}{A^2}$	$+$
$\frac{\partial D_6}{\partial\left(F' \frac{\partial f}{\partial F}\right)}$	$\frac{(g')^2 F \frac{\partial f}{\partial F}}{A^2}$	$+$

表 XI

当 $\frac{\mathrm{d}}{\mathrm{d}m_n}\left(\frac{C_1 x m_1}{F m_2 m_6}\right)=0$ 时，模型 I (A)的导数

		符号
$\frac{\partial D_1}{\partial\left(\frac{\partial f}{\partial r}\right)}$	$\frac{-\phi' F' \frac{\partial f}{\partial F}}{\left(\frac{\partial f}{\partial r}-\phi'\right)^2} \cdot \frac{C_1 x}{C_1 - 1}$	+
$\frac{\partial D_2}{\partial\left(\frac{\partial f}{\partial r}\right)}$	$-\frac{\partial D_1}{\partial\left(\frac{\partial f}{\partial r}\right)}$	−
$\frac{\partial D_3}{\partial\left(\frac{\partial f}{\partial r}\right)}$	$\frac{-\phi'}{\left(\frac{\partial f}{\partial r}-\phi'\right)^2} \cdot \phi$	+
$\frac{\partial D_4}{\partial\left(\frac{\partial f}{\partial r}\right)}$	$\frac{-\phi'}{\left(\frac{\partial f}{\partial r}-\phi'\right)^2} \cdot (-r\phi')$	+
$\frac{\partial D_5}{\partial\left(\frac{\partial f}{\partial r}\right)}$	$\frac{\phi'}{\left(\frac{\partial f}{\partial r}-\phi'\right)^2} \cdot \phi$	−
$\frac{\partial D_6}{\partial\left(\frac{\partial f}{\partial r}\right)}$	$\frac{\phi' F' \frac{\partial f}{\partial F}}{\left(\frac{\partial f}{\partial r}-\phi'\right)^2} \cdot \frac{C_1}{C_1 - 1}$	−
$\frac{\partial D_1}{\partial(-\phi')}$	$-\frac{\frac{\partial f}{\partial r} \cdot F' \frac{\partial f}{\partial F}}{\left(\frac{\partial f}{\partial r}-\phi'\right)^2} \cdot \frac{C_1 x}{C_1 - 1}$	−

（续表）

		符号
$\frac{\partial D_2}{\partial(-\phi')}$	$-\frac{\partial D_1}{\partial(-\phi')}$	+
$\frac{\partial D_3}{\partial(-\phi')}$	$-\frac{\frac{\partial f}{\partial r}}{\left(\frac{\partial f}{\partial r}-\phi'\right)^2}\cdot\phi$	−
$\frac{\partial D_4}{\partial(-\phi')}$	$\frac{\left(\frac{\partial f}{\partial r}\right)^2}{\left(\frac{\partial f}{\partial r}-\phi'\right)^2}\cdot r$	+
$\frac{\partial D_5}{\partial(-\phi')}$	$\frac{\frac{\partial f}{\partial r}}{\left(\frac{\partial f}{\partial r}-\phi'\right)^2}\cdot\phi$	+
$\frac{\partial D_6}{\partial(-\phi')}$	$\frac{\frac{\partial f}{\partial r}\cdot F'\frac{\partial f}{\partial F}}{\left(\frac{\partial f}{\partial r}-\phi'\right)^2}\cdot\frac{C_1}{C_1-1}$	+
$\frac{\partial D_1}{\partial\left(F'\frac{\partial f}{\partial F}\right)}$	$\frac{\phi'}{\left(\frac{\partial f}{\partial r}-\phi'\right)}\cdot\frac{C_1x}{C_1-1}$	−
$\frac{\partial D_2}{\partial\left(F'\frac{\partial f}{\partial F}\right)}$	$-\frac{\partial D_1}{\partial\left(F'\frac{\partial f}{\partial F}\right)}$	+
$\frac{\partial D_3}{\partial\left(F'\frac{\partial f}{\partial F}\right)}$	0	

（续表）

		符号
$\frac{\partial D_4}{\partial\left(F'\frac{\partial f}{\partial F}\right)}$	0	
$\frac{\partial D_5}{\partial\left(F'\frac{\partial f}{\partial F}\right)}$	0	
$\frac{\partial D_6}{\partial\left(F'\frac{\partial f}{\partial F}\right)}$	0	

我们得到的模型Ⅰ（A）中导数的符号，是根据附录二第一句阐述的假设得到的，且都记录在表格中。我们必须记住，如果某个 D 为负且它对某个变量的导数为正，那么这意味着该变量的数值越大，该 D 的数值越小，尽管绝对值很大。

当 g' 为正且有限时，除了前两个 D 对 $F'\frac{\partial f}{\partial F}$ 的导数外，所有的符号都是确定的。因此，必须记住数值与绝对值之间的区别，因为在此情形下，D_1、D_5 和 D_6 为负。

(i) D_1 和 D_2 数值越小并且其他 D 数值越大，则 g' 越大。

(ii) D_1 和 D_2 数值越大并且其他 D 数值越小，则 $\frac{\partial f}{\partial r}$ 越大。

(iii) D_1 和 D_2 数值越大并且 D_3、D_4、D_5 和 D_6 数值越小，则 $(-\phi')$ 越大。

(iv) D_3、D_4、D_5 和 D_6 数值越小，则 $F'\frac{\partial f}{\partial F}$ 越大。

当在这个模型中 $g'=0$ 时，除了 D_1 和 D_2 以外，其他所有 D 总为零（这意味着与它们相关的导数为零）。D_1 和 D_2 与 $\frac{\partial f}{\partial r}$ 和 $(-\phi')$ 独立；因此，它们对这两个变量的导数也为零。D_1 和 D_2 数值越大，则 $F'\frac{\partial f}{\partial F}$ 越大。

如果 $\frac{\mathrm{d}}{\mathrm{d}m_n}\left(\frac{C_1xm_1}{Fm_2m_6}\right)=0$、$D_1$ 和 D_2 为正而不为负，那么只要 $\frac{\partial f}{\partial r}$ 为正，则 D_3 和 D_4 仍为正。因此，我们从表Ⅺ中得知：D_1、D_2、D_5 和 D_6 数值越小，而其他 D 数值越大，则 $\frac{\partial f}{\partial r}$ 就越大；所有 D 数值越大，则 $(-\phi')$ 就越大；D_1 和 D_2 数值越大，则 $F'\frac{\partial f}{\partial F}$ 就越大，其他 D 与这个元素独立。

图书在版编目(CIP)数据

就业与均衡/(英)阿瑟·塞西尔·庇古著;王远林译.—北京:商务印书馆,2017
(经济学名著译丛)
ISBN 978-7-100-12896-4

Ⅰ.①就… Ⅱ.①阿…②王… Ⅲ.①就业—问题—研究 Ⅳ.①C913.2

中国版本图书馆CIP数据核字(2017)第007330号

经济学名著译丛
就业与均衡
〔英〕阿瑟·塞西尔·庇古 著
王远林 译

商务印书馆出版
(北京王府井大街36号 邮政编码100710)
商务印书馆发行
北京冠中印刷厂印刷
ISBN 978-7-100-12896-4

2017年4月第1版 开本850×1168 1/32
2017年4月北京第1次印刷 印张9⅜
定价:30.00元